LE PÈRE LACORDAIRE

ERRATA.

Page   2, au lieu de : *nouvel empire*, lisez : *second empire.*

— 130, au lieu de : *mois de décembre*, lisez : *mois d'octobre.*

— 131, date omise en tête de la lettre : « *Paris, 14 novembre 1841.* »

— 214, au lieu de : *dixisti*, lisez : *bene scripsisti de me.*

— 245,   —   *de Golgotha*, lisez : *du Golgotha.*

— 255,   —   *se constitue*, lisez : *s'est constitué.*

LE PÈRE LACORDAIRE

DANS L'AUDACE ET DANS L'HUMILITÉ

DE SON GÉNIE

ET

LES DOLÉANCES ET LES CONSOLATIONS

D'UN VIEIL AMI

PAR M. ALEXANDRE GUILLEMIN

DOCTEUR EN DROIT, ANCIEN AVOCAT A LA COUR DE CASSATION
ET AU CONSEIL D'ÉTAT

> « ... Nul homme n'a plus d'énergie
> que moi, nul homme n'est plus foible
> que moi ; nul homme n'est plus auda-
> cieux, nul n'est plus timide. »
>
> (*Lacordaire avant sa conversion.*)

TOURS

IMPRIMERIE DE J. BOUSEREZ

1862

Devant la tombe de celui qui, saintement sorti de ce monde où il a saintement vécu, répudie plus que jamais, en recevant nos douloureux hommages, toute réticence et toute adulation, la vérité due aux morts est inviolable.

Il semble nous crier lui-même du haut des cieux : « Ne craignez pas de laisser voir le cœur de l'homme tel qu'il fut, et vous comprendrez mieux ce que Dieu en a fait; montrez, montrez le vêtement terrestre, et vous verrez mieux aussi l'immortel vêtement de gloire. »

Occupé de ces méditations durant les heures que je consacre au souvenir du père Lacordaire, il n'est pas étonnant que j'en conserve les traces jusque dans le sommeil; et plus je suis loin de la superstition des songes, moins je me fais scrupule de dire ici tout simplement, comme introduction, et sans autre but que de donner une image vraie de ma pensée, celui qui m'a ému dans l'une de ces dernières nuits. J'apercevois d'abord Lacordaire en proie aux affections maladives, et j'en soupirois amèrement ; puis tout à coup je le revois plus jeune et plus grand que je ne l'avois jamais vu : sa belle figure rayonnoit de joie ; j'étois ravi de cette apparition ; il me sourioit de haut, comme un ange gardien, en étendant les mains, tandis que, levant les yeux avec effort pour le contempler, je lui exprimois mon admiration de l'heureux état où je le voyois....; et il disparut.

Oui, voilà l'image vraie de toute ma pensée : *le péril et les doléances ;* puis *le salut et les consolations.*

Le père Lacordaire est étudié dans cette œuvre sous plusieurs points de vue, mais particulièrement dans ses rapports avec la politique humaine, où il a recherché avec une pieuse intention la popularité, qu'il a en effet souvent obtenue.

Il en a longtemps joui, non point pour y trouver sa propre gloire, qu'il dédaignoit, mais pour en ramener les fruits à la gloire de Dieu, et cela jusque dans les écarts de son génie.

Il n'en étoit pas moins, avec bien d'autres publicistes égarés, l'homme des concessions au détriment du droit où réside le bonheur des peuples. Jamais, on le sait trop ! ce droit n'a été

plus méconnu et plus déserté que dans ces derniers temps. De là tous les désastres de l'Europe,
et, comme terme final, l'incendie qui environne
aujourd'hui le trône du Pontife universel.

Heureusement, dans toutes les tempêtes soule-
vées contre la barque de Pierre, l'heure du naufrage est l'heure du salut! Dieu l'a promis à son
Église!

Les droits de la justice dans l'humanité n'ont
pas reçu du Ciel la même promesse; mais ils n'en
sont pas moins sacrés pour la conscience. Le
vénéré mort n'en avoit pas toujours sur la terre
une clairvoyance heureuse et parfaite; et il en a
eu bien certainement le regret devant Dieu. C'est
donc lui qui m'inspire lui-même une sorte de
réparation, dans les pages qu'on va lire; et j'en
préviens à l'avance ceux qui n'aimeroient pas à
trouver ici autre chose que ce qu'ils veulent eux-
mêmes dans la mémoire du père Lacordaire.

L'illustre dominicain n'a pas échappé non plus
aux écueils d'une école philosophique et littéraire
qui, avec une foi vive pour son propre compte,
n'en est pas moins inclinée à tous les compromis
avec les *incroyants* de nos jours, *incrédules* de
jadis (le mot n'y fait rien); et cela, jusqu'à leur
sacrifier trop souvent, non pas précisément le

dogme, elle en frémiroit ! mais les intérêts du SURNATUREL, qui est le fond du christianisme, et qui constitue lui-même un dogme.

Là encore, comme dans ses accommodements politiques, le père Lacordaire cherchoit aussi la popularité pour arriver à la conquête des âmes : sous ce rapport, il a eu moins d'illusions ; et tout s'est terminé, après son élection à l'Académie française, à y laisser sa place si tôt vide, hélas ! au prince Albert de Broglie, qui semble avoir désiré, sinon l'étiquette, au moins le visa du *Naturalisme*, dans l'histoire.

Hâtons-nous maintenant de saluer la mémoire du grand moine avec tout un peuple d'admirateurs qu'il a laissés ici-bas, comme elle est bénie dans le ciel par un peuple d'élus qu'il a sauvés.

Le chant de salut et les consolations l'emportent, à l'infini, sur les vieilles doléances.

Mais, avant tout, la vérité !

(Saint-Cyr-sur-Loire, juillet 1862.)

———

QUESTIONS

LE R. P. LACORDAIRE

PRÉLIMINAIREMENT EXAMINÉES

———

Durant la vie de mon ancien et jeune collaborateur au barreau de Paris, qui est devenu le père Lacordaire, j'ai cru utile, et il m'en a su gré, de dire publiquement sur sa conversion et sa vocation sainte, ce que j'en sais par moi-même, comme l'un des principaux témoins, et comme invité *par lui* à faire *avec lui* la démarche décisive.

Plus tard, son génie ardent s'est quelque peu fourvoyé, d'abord passagèrement sur des questions religieuses, sinon sous l'influence du malheureux abbé de Lamennais, du moins dans le commerce du prêtre égaré; ensuite, et plus longtemps, sur des questions politiques, avec quelques aveugles et imprudents amis.

Grâce à la droiture de son cœur, il sut échapper à l'atmosphère où couvoit l'apostasie! Mais sa vive imagination, qui devenoit une puissance et l'instrument de ses triomphes, l'emporta trop souvent loin, bien loin de la *politique sacrée* à laquelle se rattache le grand nom de Bossuet.

La révolution de 1830 inauguroit à ses yeux une *ère nouvelle,* une ère de liberté, et il ne s'apercevoit pas qu'elle ouvroit à la licence la même carrière qu'à l'usurpation : aussi devoit-elle aboutir à bien d'autres mécomptes ! J'entends encore le père Lacordaire, à la veille du nouvelle empire, me confiant dans un tête-à-tête ses pressentiments lamentables.

Mais passons à l'examen annoncé ; il se divise en plusieurs paragraphes avec leurs sommaires.

I

CLERGÉ. — DÉMOCRATIE.

L'un des intimes amis de Lacordaire, un ancien pair de France, M. le comte de Montalembert, auteur du premier essai de biographie de l'illustre mort (1), tout en le couronnant d'une auréole, y débite des choses auxquelles il est bon de répondre avec autant de soin que de franchise.

Dès le début, page 4, le noble biographe nous jette en pleine politique. On ne doit point en être surpris ; mais on est obligé de savoir avant tout ce qu'il faut

(1) *Le Père Lacordaire,* par le comte de Montalembert.

penser de ses jugements en cette matière. Or, sous la république avortée, M. de Montalembert restoit tellement dévoué encore à l'usurpation parlementaire, qu'il ne craignoit pas de dire (je l'ai entendu à bout portant) que *Louis-Philippe étoit un grand roi !* et, bien que je lui fusse à peu près inconnu, j'osai l'interrompre par une exclamation de surprise toute pardonnable à ma fidélité, et à mon âge alors presque double du sien ; aussitôt le dithyrambe ainsi commencé s'arrêta sans autre suite.

Plus on admire ce qu'il faut admirer en M. de Montalembert, plus on doit déplorer les erreurs politiques auxquelles il veut associer en partie une mémoire qui nous est chère à tous.

Laissant à l'écart les devoirs essentiels de chaque citoyen, suivant les temps, les mœurs et les lois de la patrie, l'éloquent ami du père Lacordaire découvre je ne sais quelle lumière dans le souffle de démocratie et de révolution qui, parfois, s'exhaloit de la poitrine du moine comme d'un volcan. « Né démocrate, dit-il, et nourri dans les idées républicaines, il a comprimé de bonne heure, sans l'éteindre jamais, cette lave révolutionnaire qui de temps à autre faisoit explosion dans sa parole, non plus pour la ruine et l'effroi, mais *pour illuminer la nuit d'alentour.* »

Sans expliquer cette pensée si peu claire dans sa poétique affectation, l'auteur ajoute : « Il a été à coup sûr la personnification la plus éclatante de cet esprit nouveau que les chrétiens sont impérieusement condamnés à accepter et à employer, sous peine de laisser la vérité désarmée et enchaînée sur des rives oubliées. »

Que de nuages encore sur ces lignes presque rimées comme un tintement dans les ténèbres !

La conclusion n'en est que plus curieuse :

« Et cependant, chose tristement étrange ! lui le plus grand des prêtres et le plus pur des démocrates, n'a jamais été accepté par la démocratie, n'a jamais été complétement goûté ni compris par le clergé. »

Assurément, le père Lacordaire auroit stigmatisé d'un trait de feu cette parole exorbitante qui fait de lui *le plus grand des prêtres !* mais n'insistons pas ; elle a échappé, dans les premiers jours du deuil, à l'amitié en larmes.

Quant au surplus, il s'agit d'être vrai, et la vérité n'est point en dehors du droit sens.

Comment, d'une part, M. de Montalembert juge-t-il donc la démocratie régnante, ou conspirante, s'il croit à la possibilité pour elle de faire bon ménage avec *le plus grand des prêtres et le plus pur des démocrates ?*

Comment, d'autre part, un auteur catholique a-t-il donc étudié la loi sainte, pour vouloir que l'Église qui en est l'austère gardienne, puisse *goûter,* nous ne disons pas seulement les erreurs, mais les simples écarts du génie ; et qu'en outre on puisse *comprendre* un prêtre ouvertement démocrate, voire même le plus pur des démocrates, sous des constitutions monarchiques ?

Hélas ! on le voit trop : en parlant pour le père

Lacordaire, l'intime ami parle aussi pour lui-même. Sans tenir aux démocrates, n'a-t-il pas caressé maintes fois, à bonne intention sans doute, quelques-unes des fibres fraternelles de la démocratie?

Il sait parfaitement d'ailleurs que le Clergé, unanime pour glorifier la partie saine du talent, ne sauroit accueillir sans effroi, et encore moins sans réserve, des aberrations manifestes; et son âme est assez loyale pour reconnoître dans la vie publique des hommes célèbres une popularité que la religion déplore, et une impopularité que la religion bénit. Non! dans le calme de la conscience, non, le comte de Montalembert n'hésitera jamais entre l'une et l'autre renommée, dès qu'il ouvrira les yeux.

Ici donc, entre la popularité qui encense les déviations du génie et l'impopularité qui les pleure, cette option consciencieuse, il faut la faire, sous peine de longs remords.

Il y réfléchira, comme tous ceux qui voudront, ecclésiastiques ou laïques, s'interroger devant Dieu, en prenant la plume et mettant la main soit à l'ensemble, soit aux détails des actes et des travaux de cette vie du grand dominicain, qui doit tout à la fois instruire, consoler, préserver, encourager, édifier, féconder et bénir.

II

CONVERSION DE LACORDAIRE, ET SA VOCATION.

Je n'ai jamais eu la témérité de me croire aucun ascendant sur l'esprit de Lacordaire, au moment de ses doutes et de ses combats intérieurs, si heureusement terminés par son retour à Dieu ; et tout ce que j'ai publié sur cette merveilleuse conversion en offre la preuve manifeste. Mais j'ai donné des détails tellement précis, et avec les paroles mêmes sorties de sa bouche et de la mienne, détails et paroles contre-signés en quelque sorte par lui, comme on le verra bientôt, que je ne puis passer sous silence la version de la biographie posthume.

Ne nous attachons quant à présent qu'aux paroles ; les autres circonstances de fait se retrouveront plus tard.

Dans les premiers jours du mois de mai 1824, mon jeune ami m'avoit dit à moi-même : « Il faut que je vous l'avoue, *il y a six mois que je lutte ;* je crois maintenant, et je crois avec une telle conviction, qu'il n'y a pas de milieu pour moi, il faut que je sois prêtre (1). »

M. de Montalembert donne, au contraire, comme

____

(1) *Le Souvenir du ciel*, p. 247. *Doléance amicale*, précédée d'une notice.

venant du frère-prêcheur les affirmations suivantes :
« Il l'a sans cesse répété : aucun homme, aucun livre
ne fut l'instrument de sa conversion. Un coup subit
et secret de la grace *lui ouvrit les yeux sur le néant
de l'irréligion.* En un seul jour *il devint chrétien ; et le
lendemain, de chrétien il voulut être prêtre* (p. 16).

Et pourtant je suis sûr des paroles que j'ai repro-
duites, et je vais y ajouter des renseignements qui
confirment encore ma relation.

Quelques mois auparavant, un jour que nous avions
déjà passé ensemble la première partie de la soirée,
il voulut me suivre à Saint-Roch, où l'on célébroit la
clôture d'une mission solennelle. Les autels étoient
magnifiquement parés, les images de la Vierge et des
Saints resplendissoient dans l'illumination de mille
flambeaux ; les bannières, les guirlandes et les fleurs
y mêloient leur éclat et leurs parfums. Nous étions
placés tous deux dans l'une des tribunes construites
pour la cérémonie, et d'où nous pouvions tout voir et
tout entendre. Je fus heureux de l'attention recueillie
avec laquelle il suivoit les pieux exercices, écoutoit les
cantiques et les prières, et paroissoit plongé dans un
religieux silence ; je le croyois atteint victorieusement
par la grâce. Mais ce n'étoit qu'une nouvelle préparation ; il m'ôta d'un seul mot, en sortant, l'illusion
dont mon cœur s'étoit nourri durant une heure ou
deux. Il me dit qu'il n'aimoit pas cette pompe, et
surtout ce luxe de décoration. Du reste il s'abstint de
toute réflexion sur la parole de Dieu et sur les chants
qu'il avoit entendus. Et moi, toujours fidèle à la ré-

serve que je gardois avec lui (1), je me bornai à exprimer, pour ma part, le bonheur d'avoir assisté à cette belle fête.

Mais si Lacordaire ne se laissoit pas encore toucher par les splendeurs du culte divin, il n'en étoit pas moins travaillé déjà par les grandes pensées d'une *âme naturellement chrétienne.*

Peu de temps après cette station de Saint-Roch, il écrivoit le 10 novembre 1823, à un ami plein de foi (2) : « J'ai l'âme extrêmement religieuse, et l'esprit très-incrédule ; et comme il est de la nature de l'âme de soumettre l'esprit, *il est probable qu'un jour je serai chrétien.* »

Le seul rapprochement des dates (10 novembre 1823 et premiers jours de mai 1824) éclaire la vérité de cet aveu : *il y a six mois que je lutte*, etc.

Au commencement de la même année 1824, il écrivoit encore à un autre ami : « Croiras-tu que je deviens chrétien tous les jours ? C'est une chose singulière que le *changement progressif* qui s'est fait dans mes opinions ! *J'en suis à croire* ; et je n'ai jamais été plus philosophe. Un peu de philosophie éloigne de la religion, beaucoup de philosophie y ramène : grande vérité ! (3) »

Au mois de février, pareille confidence sur ses tristesses, ses ennuis, ses combats avec lui-même :

(1) *Le Souvenir du Ciel*, p. 249.
(2) M⁰ A. F........, alors jeune avocat.
(3) *Biographie du père Lacordaire*, par M. Lorain. *Correspondant*, Tom. XVII (1847.)

« .... Je ne peux plus jouir de rien : la société a peu de charmes pour moi ; les spectacles m'ennuient. Je deviens négatif dans l'ordre matériel. Je n'ai plus que des jouissances d'amour-propre. Je vis de cela, et encore je commence à m'en dégoûter. J'éprouve chaque jour que tout est vain. Je ne veux pas laisser mon cœur dans ce tas de boue.... Oui, JE CROIS !.... D'où vient que mes amis ne me comprennent pas ? d'où vient qu'ils doutent et se moquent de ma conversion religieuse ? Serois-je donc le seul de bonne foi, puisque personne ne me comprend ? »

Le 15 mars suivant, nouvelle lettre et nouvelle preuve des progrès de sa foi, bien qu'elle ne fût pas encore une *foi pratique :* « .... Il m'a pris ces jours derniers une idée bien extraordinaire. Je veux être attaché vif à une croix de bois, si je n'ai pas pensé sérieusement à me faire *curé de village.* Illusions du moment ! fantômes prompts à s'évanouir ! besoin de se remuer sous l'Etna de la vie !... Je suis arrivé aux croyances catholiques par mes croyances sociales ; et aujourd'hui rien ne me paroît mieux démontré que cette conséquence : La société est nécessaire ; donc la religion chrétienne est divine ; car elle est le moyen d'amener la société à sa perfection en prenant l'homme avec toutes ses foiblesses, et l'ordre social avec toutes ses conditions. Mon ami, j'ai toujours cherché la vérité avec bonne foi et en laissant à part tout orgueil, ce qui est le seul moyen de la découvrir. Si mes opinions ont dû quelque chose au cercle de l'amitié dans lequel j'ai vécu, cependant il est vrai de dire que je n'ai jamais cédé qu'à mes propres réflexions et par des vues que mon esprit avoit combinées. Beaucoup de personnes doutent encore de ma véracité, soit parce que la candeur est une chose rare parmi les hommes, soit parce qu'il est des âmes incapables de distinguer les accents de la conviction d'avec les grimaces de l'hypocrisie. Pour toi, mon ami, tu me connois et tu me rends justice, voilà bien des raisons pour t'aimer (1). »

A ces documents il faut joindre la déclaration consignée par le père Lacordaire dans l'un de ses écrits publics (2) : « J'avois vieilli neuf ans dans l'incrédulité, lorsque j'entendis la voix de Dieu qui me rappeloit à lui. Si je recherche au fond de ma mémoire les causes logiques de ma conversion, je n'en découvre pas d'autres que l'évidence historique et sociale du Christianisme, évidence qui m'apparut dès que l'âge me permit d'éclaircir les doutes que j'avois respirés avec l'air dans l'Université. J'indique la source de mes doutes (quoique j'aie résolu de ne laisser tomber de ma plume aucune parole blessante) parce que, privé de bonne heure d'un père chrétien et élevé par une mère chrétienne, je dois à la mémoire de l'un et de l'autre de déclarer toujours que je reçus d'eux la religion avec la vie, et que je la perdis chez les étrangers imposés à eux et à moi ! Lors donc que j'eus atteint l'âge où la raison commence à prendre de la

____

(1) *Correspondant*, Tom. XVII.

(2) *Considérations sur le système philosophique de M. de Lamennais*, Chap. X.

force, la lecture et la discussion des faits chrétiens me persuadèrent facilement de leur vérité ; et, depuis, leur évidence est devenue si vive dans mon esprit qu'elle m'ôteroit le mérite de la foi, si la foi n'étoit pas un mystère de la volonté où l'esprit ne joue qu'un rôle inférieur. »

Ainsi s'explique complétement le *mystère* de cette lutte de six mois, où la volonté de Lacordaire se trouva enfin d'accord avec son intelligence ; il nous en révèle lui-même les phases et le dénouement. C'est d'abord *le changement progressif de ses opinions :* voilà pour l'esprit ; c'est ensuite son mépris des jouissances de *l'amour-propre dont il vivoit encore, et dont il commençoit à se dégoûter :* voilà pour le cœur.

Ce n'est donc point un éclair, *un coup subit* de la grâce, qui lui ouvrit les yeux ; ce n'est donc point *en un seul jour* qu'il devint chrétien ; ce n'est donc point non plus du jour au *lendemain que de chrétien il voulut être prêtre.*

La vérité chez lui avoit eu successivement ses étincelles, ses lueurs, sa pleine lumière.

Successivement aussi, il avoit eu ses doutes, ses hésitations, ses combats et sa double victoire, victoire de l'intelligence, et victoire de la volonté, non pas en un seul jour, mais à plusieurs reprises, comme il l'avoue dans sa correspondance.

A la première de ces deux victoires doit s'appliquer ce qu'il disoit, la veille de son entrée au séminaire, de l'action de la *grâce,* en l'admirant sinon plus, au

moins autant sur l'esprit que sur le cœur ; et il n'é-
toit pas alors théologien.

«... Hier, les chimères du monde remplissoient
encore mon âme, quoique la religion y fût déjà présente : la renommée étoit mon avenir. Aujourd'hui
je place mes espérances plus haut, et je ne demande
ici-bas que l'obscurité et la paix. Je suis bien changé ;
et je t'assure que je ne sais pas comment cela s'est
fait. Quand j'examine le travail de ma pensée depuis
cinq ans, le point d'où je suis parti, les degrés que
mon intelligence a parcourus, le résultat définitif de
cette marche lente et hérissée d'obstacles, je suis
étonné moi - même, et j'éprouve un mouvement
d'adoration vers Dieu. Mon ami, cela n'est bien sensible que pour celui qui a passé de l'erreur à la
vérité, qui a la conscience de toutes ses idées anté-
rieures, qui en saisit la filiation, les alliances bizarres,
l'enchaînement graduel, et qui les compare aux
différentes époques de sa conviction. Un moment
sublime, c'est celui où le dernier trait de lumière
pénètre dans l'âme et rattache à un centre commun les
vérités qui y sont éparses. Il y a toujours une telle
distance entre le moment qui précède celui-là, entre
ce qu'on étoit auparavant et ce qu'on est après, qu'on
a inventé le mot de *grâce* pour exprimer ce coup
magique, cet éclair d'en haut. Il me semble voir un
homme qui s'avance au hasard, un bandeau sur les
yeux : on le desserre peu à peu, il entrevoit le jour,
et au moment où le mouchoir tombe, il se trouve en
face du soleil. »

M. de Montalembert a voulu voir l'éclair du chemin de Damas dans cette comparaison, il ne l'a point
confrontée avec les faits.

On sait d'ailleurs quel heureux instinct portoit le
jeune philosophe vers les cœurs dignes de sa confiance, quelles saintes amitiés il avoit cultivées dans
sa Bourgogne, et combien les hommes de foi , plus
que tous autres, excitoient sa vive sympathie. Le
même sentiment dirigea ses choix dans la capitale , et
avec le premier biographe qu'il ait eu de son vivant,
on peut dire que *dans la société de tels hommes , la
pensée religieuse d'Henri Lacordaire fit du chemin.*

Le progrès de ses convictions y devient presque
visible. Ah ! oui , sans doute, un dernier souffle de la
grâce est venu enflammer tout à coup, et jusqu'à l'ardeur du sacrifice , cette âme si bien provoquée. Mais
l'immolation subite n'infirme en rien les paroles con-
signées dans un fidèle récit. Je m'y réfère pour l'explication des motifs qui, dès l'année 1841, m'ont mis
la plume à la main au sujet de Lacordaire; ils se
retrouvent encore dans les nouvelles pages que je lui
consacre.

III

PARTI , SOI-DISANT CATHOLIQUE. — USURPATION . — MILIEU.

Qu'on ne m'accuse point de faire ici de la politique

rétrograde : la morale est éternellement intéressée dans les grandes thèses où l'on ose jouer le sort des nations. Le Dieu des justices ne peut jamais absoudre le triomphe du mal. Alors même que la terre encense les victorieux, le Ciel les condamne; et il faut, tôt ou tard, une expiation. Dès qu'une brèche est faite aux principes, aux remparts de l'ordre public, les révoltes appellent les révoltes. Il n'est donc pas étonnant, après un siècle presque entier de bouleversements successifs dans les peuples de l'Europe, de voir aujourd'hui, à Rome même, le pouvoir le plus inviolable en butte au cynisme de l'iniquité! Tel devoit être le dernier mot de la révolution.

La faute en est imputable, encore plus qu'à tous autres, aux catholiques qui, sous quelque prétexte que ce soit, ou de bonne intention, ou d'opinion libre, se sont écartés de la droite voie, en faisant cause commune avec l'usurpation. Oui, trop évidemment, et sans l'avoir prévu, ils ont leur part dans les lamentations de Pie IX et de toute l'Église, dont l'univers vient de retentir naguère aux grandes assises de la catholicité. Mais, grâce à Dieu! la vraie foi est toujours humble, et les vrais fidèles ne quittent pas ce monde sans redire la prière du Prophète-Roi : *Delicta juventutis meæ et ignorantias meas ne memineris!* PS. XXIV-7.

M. de Montalembert en a déjà donné un touchant exemple. Il avoit résisté, bien jeune encore, aux infatigables sollicitations de Lacordaire lui-même avant de quitter enfin les sentiers de l'abbé de Lamen-

nais. « Cette lutte (nous dit-il) avoit trop duré
(p. 80). J'en parle avec confusion, avec remords, car
je ne lui rendis pas alors toute la justice qu'il méri-
toit. J'expie cette faute en l'avouant, et je fais de cet
aveu un hommage à la grande âme qui a maintenant
trouvé le juge qu'elle invoquoit avec une si légitime
confiance. C'est alors, c'est ainsi que j'ai pu plonger
dans les derniers replis de cette âme un regard d'a-
bord distrait et irrité, mais depuis et aujourd'hui
baigné des larmes d'une reconnoissance immortelle.
C'est d'elle que j'ai appris à comprendre et à véné-
rer le seul pouvoir devant lequel on grandit en s'in-
clinant. Captif de l'erreur et de l'orgueil, j'ai été
racheté par celui qui m'apparut alors l'idéal du prêtre,
tel qu'il l'a lui-même défini : *fort comme le diamant,
et tendre comme une mère.* »

Ces pieuses larmes promettent une autre confession non moins solennelle. Le noble pair a travaillé,
plus que personne de nos jours, à séparer de l'idée
religieuse le pouvoir légitime. Il a été sinon l'adversaire, au moins le déserteur du droit dont l'oubli
fatal aboutit enfin à mettre en péril l'indépendance de
l'Église et de son chef suprême. Tout s'enchaîne en
effet dans la logique des insurrections ; et (qui pourroit le dissimuler ?) l'un des anneaux de cette chaîne
fut attaché, ou pour le moins soutenu par la main
de quelques aveugles catholiques ; et le comte de
Montalembert étoit à leur tête, et il y poussoit le père
Lacordaire ; et il voudroit aujourd'hui encore lui faire
un mérite de ce système d'indifférence, ou de *juste*

milieu, qui n'a rien de vrai, par cela même qu'il n'a pas horreur de tout ce qui est faux; rien de bon, par cela même qu'il laisse la voie ouverte à tout ce qui est mal; et rien de juste que l'ironie de son titre, par cela même qu'il ferme l'oreille à l'incontestable légitimité.

IV

JUSTE MILIEU IMPUTÉ A LACORDAIRE.

L'illustre biographe a vainement prétendu ranger le père Lacordaire sous le triste drapeau des quasi-légitimistes de 1830. Vainement il essaye de lui assigner cette place en disant de lui, p. 190 : « que, en politique comme en tout, et malgré les apparences contraires, il est toujours resté modéré, *homme du milieu.* »

Et nous, sans croire la biographie sur parole, écoutons, au risque même de quelque digression, écoutons plutôt les protestations d'indépendance et d'humilité sacerdotales du grand dominicain, écrites par lui, quelque temps après les *Considérations sur le système philosophique de M. de Lamennais,* et confiées à son noble ami qui les rassemble et les transcrit par fragments, p. 72 et suivantes : «Maintenant j'ai accompli mon devoir envers M. de Lamennais. J'ai dit ce qu'une expérience personnelle de dix années m'a appris sur l'école qu'il avoit voulu fonder. Et n'eussé-je fait que cela dans ma vie, je mourrois content. Ma conscience est à l'aise, elle respire enfin ; après une oppression de dix ans, je commence à vivre.... Quelques-uns au moins me comprennent ; ils savent que je ne suis devenu ni républicain, ni *juste milieu*, ni légitimiste, mais que *j'ai fait un pas vers ce noble caractère du prêtre, supérieur à tous les partis, quoique compatissant à toutes les misères*. Ils savent que le fruit de mon voyage de Rome a été d'adoucir ma pensée, de *me retirer du tourbillon fatal de la politique, pour ne plus me mêler que des choses de Dieu,* et par les choses de Dieu au bonheur lent et futur des peuples. Ils savent que je ne me suis séparé d'un homme célèbre que *pour ne pas me jeter plus avant avec lui dans cette politique quotidienne et malheureuse,* et par l'impossibilité où j'étois de l'amener lui-même sur une ligne où les acclamations de l'Église l'attendoient, et où il auroit plus fait pour l'affranchissement de l'humanité, qu'il ne fera jamais sur la route où il est resté... » (17 avril 1834.)

« Je ne suis pas un saint, je le sens trop, mais je porte en moi un amour désintéressé du vrai, et quoique j'aie cherché à me tirer honorablement de l'abîme où j'étois, jamais une pensée d'ambition ou d'orgueil n'a été la source de ma conduite en cette occasion. L'orgueil m'a toujours dit : Reste où tu es, ne change pas ; ne t'expose pas aux reproches de tes anciens amis. La grâce divine m'a crié plus fort : Foule aux pieds le respect humain, rends gloire au Saint-Siége et à Dieu. Ma soumission franche a seule fait mon habileté. Si tout a tourné comme je l'avois prévu, je ne l'avois prévu qu'à force d'oublier mon propre sens. Je ne me réjouis pas de l'abîme creusé par l'opiniâtreté d'un homme qui a rendu de grands services à l'Église. J'espère que Dieu l'arrêtera à temps. Mais je me réjouis de ce que le souverain Pontife, père, non pas d'un seul chrétien, mais de tous, ait enfin fixé par sa divine autorité des questions qui déchiroient mon Église natale en sa fleur, qui détournoient de la vraie route une foule d'âmes sincèrement trompées et dont j'avois senti si longtemps et si amèrement le charme malheureux. Périsse mon triomphe personnel, s'il y en a un à quelque degré, et puisse l'Église de France, après cette haute et mémorable leçon, fleurir dans la paix active de l'unité ! Puissions-nous tous *nous pardonner les erreurs de notre jeunesse,* et prier ensemble pour celui qui les causa par un excès d'imagination trop belle pour n'être pas pleurée. » (2 août 1834.)

Ne regrettons pas cette digression : les révélations qu'elle nous offre disent mieux que jamais combien le génie du père Lacordaire étoit humble, et comment cette humilité fut pour lui la planche du salut dans les agitations auxquelles étoit livré son laborieux apostolat. Elle le faisoit triompher ici par une franche et entière soumission au suprême arbitre des questions auxquelles l'Église se trouvoit directement intéressée.

Étoit-il besoin d'une pareille autorité pour mettre en lumière les principes d'ordre qui sont le fondement de la paix et du bonheur des peuples ? Ces principes ne sont-ils pas écrits dans la loi sainte? Ne découlent-ils pas d'abord de la parole de Jésus-Christ même : *Rendez à César ce qui est à César, et à Dieu ce qui est à Dieu?* Ne sont-ils pas expliqués et par le prince des Apôtres, et par l'Apôtre des nations?... Avec de tels enseignements, le cœur fidèle peut-il hésiter dans leur application? Ah! si celui du père Lacordaire, cœur d'*honnête homme* avant tout, comme il aimoit à l'être et à le dire (p. 8), se fût inspiré seul dans le silence, s'il n'eût pas été troublé dans le bruit des orages populaires, et égaré parfois dans l'amitié, avec quelle constance il eût embrassé la sainteté du droit !

V

GÉNÉREUX ÉCARTS DU GÉNIE DE LACORDAIRE. — LEUR SOURCE.

Où donc trouver les causes et, s'il est possible, les excuses de ses erreurs en de si graves matières? Il en est une (une cause et peut-être aussi une excuse) qui apparoît au-dessus de toute autre : Lacordaire avoit soif des âmes; il vouloit les conquérir à tout prix; à l'exemple de Moïse et de Paul, il se seroit fait *anathème* pour sauver ses frères, pour convertir les peuples. Dans son zèle, il ne portoit rien à son propre compte, mais tout à la gloire de Dieu; et, avec cette sainte passion, il visoit à pénétrer, à envahir les masses, et

il y parvenoit ; et dans cette vue, et pour ce triomphe,
il avoit besoin de maintenir sa grande popularité ;
tous les moyens oratoires lui étoient bons, et jusqu'à
ce point qu'il osa un jour prêter à Dieu, pour confondre et éclairer certains hommes, des inventions (1)
qualifiées de manière à faire du même coup sourire
et trembler ses auditeurs.

Son audace alloit ainsi jusqu'aux improvisations
impossibles à répéter ou à traduire fidèlement en
d'autres termes. Force lui étoit de renoncer alors
lui-même à sa pensée première, en livrant son œuvre
à l'impression.

Autant il affectionnoit l'étrangeté des moyens en
éloquence, et les idées nouvelles en politique, autant
il redoutoit, sous ce double rapport, les réminiscences
d'*ancien régime*. Sa renommée populaire lui étoit
précieuse, hélas ! jusqu'au sacrifice de bien des souvenirs, et cela dans une pure intention de pro-

(1) *Diaboliques.*
Assurément l'intention du père Lacordaire n'a pas besoin d'être
innocentée; mais l'expression n'en est pas moins condamnable; elle
n'est même intelligible dans le vrai sens, au regard de l'Infinie
Sainteté, que par le commentaire sacré du Ps. XVII-26 et 27, dont
le mot à mot dans l'Hébreu est : Avec le miséricordieux vous serez
miséricordieux, parfait avec l'homme parfait, innocent avec l'innocent : mais avec le pervers vous vous rendrez pervers (ou plutôt vous semblerez pervers) , *cum perverso perverteris*. Rosen-
muller dit : *Cum perverso tortuosum sive perversum te præbes.*
On pourroit aujourd'hui appliquer le texte avec une juste et
terrible signification surtout à la grande hypocrisie qui dresse ses
piéges autour de la Papauté, et qui y tombera elle-même; qu'elle
se le tienne pour dit !

sélytisme : il y voyoit un attrait pour les multitudes, attrait d'autant plus vif que la source du vrai et du beau étoit toujours dans son cœur avec sa foi toute puissante et sa charité toute sainte.

Ce nouveau prophète, comme le nomma Mgr de Quelen, en face des autels, avoit la candeur d'un ange, ange enfant, et enfant soumis. S'il aimoit et glorifioit la raison, magnifique présent de Dieu, il déploroit et dédaignoit les abus de l'intelligence, crimes habituels de l'orgueil. Sa foi avoit presque l'œil de l'intuition. C'est par là qu'il est devenu le grand, le prophétique orateur de Notre-Dame. Mais aussi, tant l'humanité est toujours foible! après ce coup d'œil d'aigle dans les choses divines, il se troubloit en regardant les choses de la terre. Son amour sacré des âmes, s'élevant avec une si claire vue aux horizons célestes, sembloit redescendre avec un bandeau dans certaines régions de la vallée des larmes.

Il tomboit alors dans des perplexités extrêmes, et il flottoit sans boussole sur une mer orageuse.

Oh! non, il n'étoit pas fait pour les luttes politiques; il l'étoit si peu, qu'il ne vouloit être d'aucun *parti* (1), pas même de celui du droit, qui n'en est pas un, puisque devant Dieu c'est le devoir.

Avec quelle défiance de lui-même, dans cette déclaration confidentielle aujourd'hui révélée, il nous dit : « J'ai fait un pas vers ce noble caractère du prêtre, supérieur à tous les partis, quoique compatissant à toutes les misères. »

(1) Lettre du 3 juin 1831 (page 16).

S'il avoit ainsi le malheur de ne point voir clair dans la vérité politique, pourquoi du moins n'a-t-il pas constamment obéi à cette instinctive répugnance, afin de rester inébranlable, comme il l'avoit si ingénument rêvé, *dans ce noble caractère du prêtre?* il ne se fût point exposé à avoir un jour pour juge celui-là même dont il a plus d'une fois suivi la malheureuse inspiration.

VI

SENTENCE SUR LA POLITIQUE DU P. LACORDAIRE, ET RÉFUTATION.

Voici cette sentence prononcée par le comte de Montalembert qui fait aussi lui-même une partie de sa propre confession, avec des circonstances atténuantes de part et d'autre.

« Est-ce à dire que, dans la vie politique, pendant le peu de temps qu'il y a touché, le père Lacordaire ait toujours montré ce jugement sûr et solide dont je lui fais honneur? Je ne le pense pas; et je dirai pourquoi, avec la sincérité d'un homme qui s'est lui-même trompé plus d'une fois, mais avec la conviction de trouver dans cette critique même une occasion naturelle de défendre la mémoire d'un ami contre les attaques injustes et exagérées dont il a été victime. Qui pourroit d'ailleurs songer à lui faire un crime, en ce siècle mobile et confus, d'une erreur politique ou autre? Qui donc seroit assez irrépro-

chable pour lui jeter la première pierre ? L'erreur
est le propre de l'homme, et j'ajoute que ce sont les
motifs de l'erreur qui en déterminent la gravité morale. Quand une faute politique, quand un changement d'opinion n'a été déterminé par aucun mobile
ignoble, aucune peur égoïste, aucune basse jalousie,
aucun sordide intérêt, il n'y a point à en rougir.
Ai-je besoin de dire que l'ombre même d'un pareil
soupçon ne sauroit atteindre la grande âme du
père Lacordaire?» (p. 189.)

Oh! non, le père Lacordaire n'a nul besoin d'apologie sous de tels rapports, ni en de tels termes. Et
s'il faisoit publiquement lui-même la confession posthume dont se charge pour lui le comte de Montalembert, bien certainement il condamneroit la révolte
parlementaire qui a fait le malheur de la France; il
condamneroit l'usurpation qui s'en est suivie, et il la
condamneroit d'une triple condamnation, en regard
des trois générations de rois frappées du même coup;
il condamneroit tous les parjures, et il justifieroit
la puissance usant d'un droit écrit dans la constitution
même, droit tellement incontestable que pour l'abolir
il a fallu rayer le fameux article xiv, et que l'organe le
plus révolutionnaire alors, *le National*, a, peu de
temps après, fait ce cynique aveu : que le seul tort
du monarque tombé étoit d'avoir mal combiné et mal
pris ses mesures pour le succès.

L'ancien pair de France sait bien aujourd'hui
comment on s'y prend mieux; il sait aussi quel grand
talion a fait justice de son *grand roi !* châtiment pro-

vidéntiel aux yeux de l'univers, et d'autant plus heureux qu'il laissoit à tous les coupables le temps d'im-
plorer la divine miséricorde !

Elle est si éclatante, cette justice de Dieu, même
dès ce monde, que nul homme de foi ne peut s'y mé-
prendre. Et cependant, lorsque M. de Montalembert
est en train d'avouer ses fautes politiques, il se garde
de dire un seul mot de l'usurpation dont il a glorifié
l'indigne bénéficiaire ! loin de là, dans l'examen de
conscience qu'il fait, sous les mêmes rapports, au
nom de l'illustre dominicain, il l'accuse de n'avoir
pas vu avec douleur la chute de ce régime ! mais il
n'arrive à cette conclusion qu'après bien des circon-
locutions oratoires.

« Constatons d'abord, dit-il, que en politique,
comme en tout, et malgré les apparences contraires,
il est toujours resté modéré, *homme du milieu*. Il a
toujours répudié avec énergie la pensée de s'inféoder
à un parti quelconque. Il n'avoit, à vrai dire, aucun goût pour les luttes politiques, et il ne s'y est
trouvé mêlé qu'involontairement, insensiblement,
par la place considérable qu'occupera toujours
dans ces luttes la question de la liberté religieuse.
Passionnément dévoué à la liberté, comme l'a été
plus ou moins longtemps toute sa génération, il
lui est resté opiniâtrément fidèle. Né démocrate,
il ne lui en a pas coûté de croire, avec tous les
hommes sensés de ce siècle, au triomphe inévitable
de la démocratie ; mais il n'en avoit épousé ni les
tendances outrées, ni les mauvaises querelles. Comme

la plupart des vrais libéraux, il étoit assez indifférent aux questions dynastiques, et même jusqu'à un certain point aux formes gouvernementales. Mais ses préférences demeurèrent toujours acquises à la monarchie tempérée. » (p. 190.)

Après ces précautions apologétiques pour Lacordaire et caressantes pour la démocratie, et après d'autres observations plus ou moins à leur place, le juge biographe en vient à cette question, à laquelle il fait aussi la réponse :

« Comment donc, avec ce sentiment exquis de la dignité et de la mesure que je ne me lasse point de signaler en lui, a-t-il pu se laisser entraîner, une ou deux fois en sa vie, à prendre une attitude qui a désorienté, affligé ses amis les plus anciens et les plus fidèles? Je ne me l'explique que par la seule foiblesse que j'ai reconnue en lui, une trop grande indulgence pour la POLITIQUE IMMORALE et essentiellement révolutionnaire dont on connoît la formule : *Qui veut la fin veut les moyens.* Assurément il ne professoit pas, comme certains de nos modernes réformateurs, la souveraineté du but; mais quand ce but lui sembloit légitime, glorieux, nécessaire et populaire, il étoit trop porté à excuser l'injustice et la violence des actes qui y faisoient aboutir. » (p. 196.)

Sur ce, M. de Montalembert cite Bossuet et rappelle avec lui ce précepte de la loi : « Tu poursuivras justement ce qui est juste, » *Juste quod justum est persequeris;* il y ajoute sa propre glose; et il continue ainsi : « Cette doctrine élémentaire de la morale publique et privée me semble avoir été méconnue quelquefois par Lacordaire dans ses appréciations exclusivement politiques. Lui si pur, si généreux, si incapable des iniquités ou des bassesses révolutionnaires, il les pardonnoit, il les oublioit trop facilement chez les champions de la cause qu'il préféroit. Les triomphes de la force qui profitoient à ses opinions, sans profiter en rien à sa personne, ne lui inspiroient pas cette défiance salutaire qu'exprimoit si bien sa sainte et spirituelle amie, Mme Swetchine, quand elle disoit : *Je n'ai jamais redouté qu'une seule chose, le triomphe absolu de quelqu'un.* C'est ainsi que s'explique son adhésion à la révolution de février et à la révolution italienne. » (p. 197 et 198.)

Enfin, et avec bien d'autres phrases embarrassées, et pas plus élucidées que ne le sont les précédentes par le mot de la *sainte et spirituelle amie*, M. de Montalembert déplore que le père Lacordaire, à la chute de Louis-Philippe (bien qu'il s'abstienne avec pudeur de prononcer ce nom), ait *pris, pour point de départ d'une ère de salut et de réparation, cette lamentable catastrophe qui a partout fait reculer dans le monde la liberté ou la justice, cette folle aventure imposée à une grande nation.....* (p. 203.)

« Vous avez recueilli ce que vous avez semé! » doit-on répondre au censeur de la POLITIQUE IMMORALE. Ne l'a-t-il pas oubliée dans l'usurpation parlementaire? Ne l'a-t-il pas encensée dans son *grand roi?* Ne l'a-t-il pas indulgenciée dans ce parti auquel on a prostitué le nom *Catholique*, et dont il s'étoit presque fait le directeur?

Oui, la vérité impose ces paroles à son repentir, car il est sincère. Ses fautes politiques, il les avoue publiquement, et elles ont eu d'ailleurs toute publicité; ainsi point de scrupule dans la divulgation! *il s'est trompé lui-même plus d'une fois*, dit-il: noble confession qui lui ouvre tous les cœurs aussi émus de ses regrets qu'épris du talent qu'il consacre à la gloire des saints. Mais cette confession est encore trop vague; il la faut toute catholique, explicite et complète. Lui qui compte tant de magnifiques pages dans sa vie et dans ses écrits politiques et littéraires, lui qui remplit encore aujourd'hui avec un si pur éclat sa carrière académique, il aura toujours et partout de quoi se consoler du désaveu des autres pages sur lesquelles l'histoire devra pleurer d'autant plus qu'il ne les auroit pas d'abord pleurées lui-même.

Publiciste, il s'est égaré dans cette voie bien autrement que le père Lacordaire, qui n'eut jamais à se reprocher ni actes, ni votes parlementaires, et qui se fit un devoir de déserter le rôle de *Constituant*, rôle si étrange en effet pour un moine, dès qu'il vit la face, dès qu'il entendit les vociférations, dès qu'il comprit les vœux et les espérances des nouveaux fabricateurs de lois dont il devenoit le collègue.

VII

TATONNEMENTS DES DEUX PUBLICISTES, ET CONTRADICTIONS DU BIOGRAPHE.

Même avant les révélations de la correspondance amicale, on pouvoit présumer que cette intimité avoit été périlleuse en politique pour le candide dominicain; mais, à la lecture de ce que la biographie à moitié confidentielle nous en apprend, le doute n'est plus guère permis.

Dans l'ensemble des documents on voit d'abord une perpétuelle vacillation dans les pensées, les opinions, les jugements et les rêves des deux amis; et à l'exception de leur commun triomphe, la liberté d'enseignement, tous deux ils tâtonnent leurs propres convictions; chacun d'eux aussi est plus d'une fois en contradiction avec lui-même, et, chose inouïe! il ne semble pas que M. de Montalembert s'en aperçoive!

Tantôt il dépeint Lacordaire *comprimant de bonne heure, sans l'éteindre jamais, cette lave révolutionnaire qui de temps à autre faisoit explosion dans sa parole.* (p. 4.)

Tantôt il conclut ainsi : *la mesure donc, le juste milieu étoit le fond de sa nature en toutes choses.* (p. 176).

Dans un paragraphe spécial sur la politique, il

nous répète que son ami est *né démocrate*, et *qu'il ne lui en a pas coûté de croire, avec tous les hommes sensés de ce siècle, au triomphe inévitable de la démocratie.* (p. 190.)

Et quelques lignes plus bas, il prétend que *ses préférences demeurèrent toujours acquises à la monarchie tempérée.*

Ainsi, et sans prévoir qu'il se contredira plus tard, il le loue d'abord (p. 7) *d'être resté fidèle à lui-même, sans une heure d'éclipse, dans toute sa carrière.*

Mais, à la page 196, il se demande comment le père Lacordaire *a pu se laisser entraîner une fois ou deux en sa vie à prendre une attitude qui a désorienté, affligé ses amis les plus anciens et les plus fidèles :* c'est-à-dire pour la *première fois*, à la révolution de février, et pour la *seconde fois*, sur la question italienne.

Relativement à l'une, M. de Montalembert dit que *la doctrine élémentaire de la morale publique et privée lui semble avoir été quelquefois méconnue par Lacordaire, dans ses appréciations exclusivement politiques;* et relativement à l'autre, il considère le prêtre et le catholique comme éclipsés momentanément (et poétiquement sans doute) dans la personne de son ami (1), car il fait remarquer page 215 que bientôt *le prêtre et le catholique reparurent chez Lacordaire.*

____

(1) De même que dans la troisième *Doléance*, 5e strophe.

Ainsi encore, il nous dit page 167, et toujours très-poétiquement :

« Si quelquefois des aspirations trop ardentes, des conceptions trop hâtives l'ont *un moment* étourdi ou entraîné, ces fumées s'entrouvroient tout à coup et se déchiroient comme des nuages pour lui laisser voir le vrai fond des choses ; à l'instant il s'arrêtoit et tournoit court, avec l'énergique précision qui le caractérisoit en tout. »

Puis M. de Montalembert, au revers de la même page, et avec la même inadvertance, nous donne cet extrait d'une lettre où Lacordaire affirme ceci : « Je n'ai qu'un principe en politique, c'est de ne jamais reculer d'un pas ; on n'a de force que par cette invincible fermeté.... »

Et comme la vision purement poétique n'est tenue de s'expliquer ni sur *le vrai fond des choses*, ni sur les questions qu'elle laisse dans l'ombre, ni sur la durée de ce *moment* fictif qui, comme on va le voir, peut embrasser des jours, des mois, des années, comment donc vérifier et concilier l'habitude de *tourner court*, et celle *de ne jamais reculer d'un pas ?*

S'il nous étoit rendu, le père Lacordaire rétracteroit d'abord cette dernière assertion, assertion hautaine, qui n'est plus en harmonie avec l'humilité dans laquelle sa vertu s'endormit triomphante. Mais, avec la même humilité, il accepteroit sans réserve l'autre témoignage, bien digne de sa candeur et de sa droiture. Oh ! oui, il aimoit trop la lumière pour y fer-

mer jamais les yeux, et pour ne pas *tourner court*
dès que l'erreur apparoissoit au grand jour, et complétement démasquée.

VIII

CANDIDATURE ET ÉLECTION DU P. LACORDAIRE A LA CONSTITUANTE DE 1848.

L'intime confident nous édifie sur la passion de
son ami pour la solitude avec cette pieuse règle : *se
retirer en soi et devant Dieu est la plus grande force
qui soit au monde* (p. 168); règle qui se rattachoit à la
résolution prise depuis longtemps *de se retirer du
tourbillon fatal de la politique.* (V. ci-dessus, p. 17).

M. de Montalembert, oubliant cette vocation sacrée,
applaudit en ces termes au suffrage qui lança Lacordaire dans le *tourbillon fatal* : « Il fut élu à la Con-
stituante, et personne ne sauroit lui faire un reproche d'avoir siégé dans une assemblée qui comptoit
dans son sein trois évêques et vingt prêtres. Tous ceux
qui se rappellent ces temps conviendront avec moi
que son élection charma et rassura tous les hommes
religieux. Il n'avoit pas sollicité sa candidature, elle
lui fut imposée par les vœux passionés des catholiques,
comme par les sympathies populaires que lui avoit
acquises son attitude résolue et indépendante sous le
gouvernement antérieur. Ces sympathies se tradui-
sirent par les applaudissements dont la foule le salua

lorsqu'il parut avec l'assemblée sur le perron du Palais-Bourbon pour acclamer la république. Du reste, sa campagne législative ne fut pas longue, elle dura dix jours. Pendant ce court intervalle il aborda deux fois la tribune et n'y fut pas heureux. Je le vis assister impassible sur son banc à l'invasion du 15 mai, signalé entre tous par son froc blanc aux menaces des émeutiers. Le lendemain il donna sa démission : il avoit reconnu, avec la prudence dont je lui ai déjà fait honneur, que son tempérament, à la fois impétueux et méditatif, n'étoit pas fait pour les orages quotidiens et soudains de la vie parlementaire.»

On le voit, les contradictions ne sont pas à leur terme ; et de plus, ici la vérité historique, ou biographique, devient équivoque. M. de Montalembert atteste que Lacordaire n'avoit pas sollicité sa candidature, et *qu'elle lui fut imposée par les vœux passionnés des catholiques, comme par les sympathies populaires.*

Eh quoi! impose-t-on une charge, en dehors des devoirs d'état, à celui qui la désire lui-même?

Or, le père Lacordaire, dans la vue du bien sans aucun doute, a sinon sollicité, du moins ardemment accepté et poursuivi sa candidature.

Et ce n'est point pour le prouver, mais dans un autre but, que M. de Montalembert nous en fournit néanmoins lui-même la preuve éclatante dans un curieux épisode dont il nous est permis de nous emparer largement, car il vient à l'appui de tout ce que nous disons du père Lacordaire.

« Me pardonnera-t-on, demande l'auteur (p. 207), de m'arrêter encore un peu, et trop longuement peut-être, sur cette époque orageuse, afin d'en relever un incident propre à faire ressortir la noblesse innée du caractère de Lacordaire, et son inviolable fidélité à l'amitié? C'étoit le 11 avril 1848. Lacordaire avoit été invité à venir exposer ses principes politiques et religieux devant le *Club de l'Union*, qui se tenoit dans la grande salle de la Sorbonne envahie par deux à trois mille auditeurs, tandis qu'une foule innombrable ne pouvant pénétrer dans l'enceinte, inondoit la cour de l'antique édifice et troubloit de ses chants et de ses clameurs les interpellations et les discussions du dedans. Un citoyen Barnabé imagina de lui demander compte de ses relations avec moi. Nous étions précisément alors plus séparés que nous ne l'avions jamais été, et cela non-seulement depuis la révolution de février, mais dès auparavant. Il n'avoit ni partagé les appréhensions ni approuvé les pronostics que m'inspiroient les violences du parti libérâtre en Belgique, l'oppression impie des petits cantons suisses, l'écrasement du Sonderbund par le nombre, l'audace croissante des banquets. »

Ouvrons ici une parenthèse pour demander ce que devenoit le *juste milieu* imputé à Lacordaire? et son intime va nous redire cette poétique phrase : « Si quelquefois des aspirations trop ardentes, des conceptions trop hâtives, l'ont un moment étourdi et entraîné, ces fumées s'entr'ouvroient tout à coup et se déchiroient comme des nuages, pour lui laisser voir le vrai fond des choses. »

Très-bien , mais le moment qui étourdit et qui entraîne est parfois bien long ! — Quoi qu'il en soit , l'épisode continue ainsi :

« Depuis la proclamation de la république nous nous étions à peine entrevus. Toutefois sa générosité naturelle l'emporta à l'instant sur la crainte de blesser cet auditoire fougueux. Calme et intrépide au milieu du tumulte , il prit ma défense. Je transcris le récit sténographié de cette séance :

« *Le citoyen Barnabé*. Je demande au citoyen Lacordaire s'il partage les opinions émises par le citoyen Montalembert dans son discours à la chambre des Pairs sur la question suisse.

« *Le citoyen Lacordaire*..... Citoyen, vous m'avez posé cette question : si j'approuvois le discours de M. de Montalembert. Je distingue. M. de Montalembert n'a pas prévu , à mon sens, la question d'une manière complète. Il n'a vu que la liberté religieuse compromise. Il y avoit aussi à examiner la question de l'unité et de la nationalité helvétique. Pour ma part, si j'avois eu à traiter cette question, j'aurois établi que la Suisse avoit le droit de vouloir l'unité helvétique ; que par conséquent il ne falloit pas confondre tous les mouvements qui se produisent dans ce pays avec des mouvements anti-religieux. Je crois donc que M. de Montalembert n'a vu qu'une partie de la question et ne l'a pas vue tout entière. Mais toutes les fois qu'un orateur a des vues qui, sans être complètes, partent néanmoins d'un cœur ferme, ami de la liberté de tous les peuples, je crois que l'on doit se montrer plus qu'indulgent à l'égard de cet homme. Je n'aurois pas dit ce qu'il a dit, et cependant son discours ne m'empêche pas de reconnoître que M. de Montalembert est un bon Français, un homme de talent, dévoué à la chose publique; par conséquent je suis resté pénétré d'estime et d'amitié . pour lui.

« *Le citoyen Barnabé*. La question que je posois au candidat n'étoit pas une question religieuse. Je demandois seulement au père Lacordaire s'il adopte le jugement porté sur les libéraux en général, et sur les hommes de 93 en particulier, par le citoyen Montalembert.

« *Le citoyen Lacordaire*. Le citoyen Montalembert dans son discours a porté un jugement sur ce qu'il a appelé les radicaux présents et anciens, les radicaux de 1793 et les radicaux de 1847. Je déclare, pour ma part, que je ne suis pas le moins du monde radical, dans le sens que l'on attache ordinairement à ce mot. — Le mot radical est un mot qui a une signification dans notre langue qui jusqu'à présent n'est pas favorable... » (Le candidat est interrompu dans ce moment. — Mouvements divers à l'intérieur. — Clameurs au dehors.)

« Messieurs, en deux mots, M. de Montalembert a dit du mal de 1793 : eh bien! je déclare que, pour ma part, il y a des hommes de 1793 dont je ne pourrai jamais dire du bien, et qu'il y a eu également en 1847, en 1848, et qu'il y aura même en 1849, des discours, des faits, de certains révolutionnaires, dont je ne pourrai jamais dire du bien. Maintenant quels sont ces révolutiónnaires? Ce sont ceux qui ne veulent ni la liberté dans l'ordre, ni l'ordre dans la liberté. Je regarde l'ordre et la liberté comme deux éléments essentiels à la vie humaine, et quiconque est convaincu d'avoir été ennemi de l'ordre est ennemi de la liberté.» (Nouvelles rumeurs en dehors.—Le calme se rétablit au bout de quelque temps) «.... Je méprise les tyrans, parce qu'ils ont été les ennemis de la liberté; je méprise les révolutionnaires, parce qu'ils étoient au fond des tyrans sous un autre nom. Entre ces tyrans et ces révolutionnaires, je ne fais aucune différence.

« *Le citoyen Barnabé.* Je ne trouve pas la réponse catégorique. Je demande au citoyen Lacordaire si ce discours, qui étoit tout entier une longue satire envenimée contre nos pères de 1793, mérite son éloge ou son blâme.

« *Le citoyen Lacordaire.....* On me dit *catégoriquement* que le discours du citoyen Montalembert étoit contre nos pères de 93. Eh bien! pour ma part, je déclare que je ne me reconnois aucun père de 93. Je reconnois en 1789 des hommes qui ont voulu la destruction d'un grand nombre d'abus, qui ont combattu pour cette destruction; je reconnois de 89 à 93 des hommes qui sont morts pour combattre ces abus, soit à l'intérieur sur l'échafaud, soit à l'extérieur dans les victoires que nous avons remportées. Les hommes persévérants dans leur volonté, dans leurs luttes pour la liberté, voilà ce que j'appelle mes pères. Parmi tous ceux qui sont morts à cette époque, je distingue ceux qui sont morts pour défendre cette liberté, et ceux qui faisoient mourir pour anéantir et reculer cette même liberté. »

« J'imagine, reprend le biographe, qu'un tel langage porté à l'Assemblée Nationale y auroit réussi au point de l'y retenir peut-être ; mais mieux valoit assurément pour lui (ajoutons et pour l'Église) la retraite qui lui permit de remonter dans la chaire de Notre-Dame. Ce qui ajoute d'ailleurs à la générosité que cet incident orageux le mit à même de montrer, c'est qu'il n'en dit pas un mot à celui qu'il avoit ainsi défendu, et qui n'en fut informé que longtemps après, par la découverte de l'obscur livret dont ces détails sont extraits. Il en fut d'autant plus touché qu'il avoit déjà rencontré non-seulement des républicains de la veille, mais des catholiques qui lui avoient signifié que sa carrière étoit finie, en raison de cet axiome si répandu en France : Vous avez protesté contre ceux qui sont devenus maîtres : vous ne pouvez plus rien ni pour nous ni pour vous-même. »

M. de Montalembert, qui s'occupe ici de sa propre cause, oublie de dire que la candidature de Lacordaire échoua à Paris, et qu'elle ne triompha qu'en province, à Marseille.

Le biographe ajoute ensuite :

« La même illusion que j'ai signalée plus haut lui fit prendre sur la question italienne une attitude qui surprit et affligea la plupart de ses amis et de ses admirateurs.......

« Il applaudit sincèrement à la guerre de 1859, parce qu'il la croyoit juste et favorable à l'émancipation d'un peuple chrétien, et aussi parce qu'il croyoit à la sincérité des promesses qui garantissoient au monde catholique le repos de tous les droits du Saint-Siége.......

« La guerre terminée, lorsque la convoitise du Piémont se montra dans toute sa nudité, lorsque éclatèrent les périls et les épreuves du Saint-Père, le prêtre et le catholique reparurent tout entiers chez Lacordaire. L'*unification* de l'Italie, cette fatale utopie inventée par le despotisme révolutionnaire, pour aliéner à jamais la cause italienne des cœurs catholiques, ne lui inspiroit ni confiance, ni sympathie. »

Voilà encore un assez long entraînement, et les fumées ont bien tardé à *s'entr'ouvrir et à se déchirer comme des nuages, pour laisser voir le vrai fond des choses.*

Les jugements contradictoires de M. de Montalembert sur le caractère politique du grand moine apparoissent même dans ce qu'il y a de plus saint, la charité, qui ne connoît d'ennemis que pour les aimer.

Là, en effet, il admire en Lacordaire *cette pitié*

infinie pour les misères d'autrui que lui-même appe-
loit la bonté et qu'il préféroit à tout.

Et ici, au contraire, ne craignant pas de croire que le saint prêtre ait eu de sérieux ennemis, il transmet au public cette triste confidence du 10 août 1840 : « Quand un homme met un quart de lieue entre lui et moi, j'en mets dix mille et je n'y pense plus. » (p. 165.)

Non, non ! ce n'est point là le bon Lacordaire, ce doux moine que j'ai contristé moi-même, paternelle-ment, il est vrai, mais qui, après comme avant mes *doléances*, et jusque dans le retentissement de la première, s'est affectueusement rapproché de celui qui osoit l'attaquer avec autant de rude énergie sur les témérités de sa parole, que de tendresse pour son âme et d'admiration pour son génie.

Ce n'est point là non plus le chrétien qui nourrit en soi une *pitié infinie pour les misères d'autrui*, une pitié qui va jusqu'à la prière, jusqu'à l'amour, jusqu'à la recherche envers ceux qui le persécutent, ou qui s'éloignent de lui.

Regrettable intimité que celle où l'on risque de pareilles communications, sans rencontrer aussitôt un cœur qui les éclaire en les pleurant !

Mais, croyons-le, cette parole n'est tombée que de la plume et non de la pensée réfléchie de Lacordaire. Il ne pouvoit entrer en lui, j'en suis le témoin, j'en suis la preuve, ni fiel, ni ressentiment, ni répulsion, ni même une velléité d'éloignement contre qui que ce fût, et encore moins contre ses ennemis, s'il en a jamais eu.

Il en a eu ! d'après la correspondance révélée, il en parle lui-même, dans ce commerce familier : mais jusqu'au moment où nous aurions la douleur d'y voir un nom, un seul nom écrit sous ce malheureux titre, croyons-le toujours, il ne s'agit pas d'inimitié personnelle, mais de guerre d'opinion ; et si quelque acrimonie apparoît dans son langage, elle ne vient pas de lui, elle n'est et ne peut être que l'écho d'une voix qui n'a jamais été la sienne.

Il a mérité lui-même, comme dit la biographie, le bel éloge qu'il décernoit à son cher Ozanam, *qui fut doux pour tout le monde, et juste envers l'erreur.*

Indulgence et compassion pour l'homme qui s'égare, c'est en effet justice envers l'erreur ; et cette justice vit toujours au fond du cœur chrétien, alors même que, dans l'intérêt de la vérité, il exhale un zèle ardent jusqu'à la rudesse des paroles.

Quant à la philosophie honteuse, ou impie, l'orateur de Notre-Dame avoit bien le droit d'anathème : et lorsqu'elle osa définir l'homme *un tube digestif,* etc., le concert universel des intelligences applaudit à l'éclair brûlant qui, du haut de la chaire, stigmatisa pour jamais *cette canaille de doctrine !* Oui, le Temple même a pu entendre ainsi, une fois, ce mot qui ne s'attendoit guère à devenir sublime.

Comme conclusion de tout ce qui précède, on doit reconnoître que le père Lacordaire *n'avoit, à vrai dire, aucun goût pour les luttes politiques;* qu'il s'y est jeté

en dépit de ses anciennes résolutions ; qu'il y portoit
avant tout le prosélytisme de la foi catholique ; qu'il
espéroit y marcher uniquement à la conquête des
âmes ; qu'il affectionnoit, en vue du bien spirituel, la
popularité dans tous les partis, sauf dans celui qu'il
qualifioit d'*ancien régime ;* qu'avec une sorte d'horreur de ce qu'il croyoit impopulaire, il osoit à peine
aborder les souvenirs de la royauté ; que ce sentiment indéfinissable étoit entretenu, surtout contre
la Restauration, dans son commerce intime avec le
comte de Montalembert, esprit dévoyé sous ce rapport
plus qu'aucun des publicistes de l'époque, et qui n'a
pas peu contribué aux torts de l'orateur dominicain,
soit envers la légitimité et la France monarchique,
soit même envers le gouvernement pontifical.

Ces derniers griefs veulent encore d'autres explications.

IX

INJURE A LA LÉGITIMITÉ ET A LA RESTAURATION.

A propos des conférences ouvertes au collége Stanislas pour les essais oratoires de l'abbé Lacordaire,
au commencement de l'année 1834, M. de Montalembert cite une lettre du 17 avril, où le jeune prédicateur s'applaudit de ce qu'en trois mois *il vient de
remuer plus de cœurs et d'intelligences qu'il n'auroit*

pu faire dans les quinze années de la Restauration.
(p. 95.)

Ne diroit-on pas, à les entendre, que la chaire de vérité n'a été libre en France au xixe siècle qu'à partir du règne de Louis-Philippe?

Mais la modestie du jeune abbé ignoroit alors la puissance de sa parole, jusqu'à ne sentir pas qu'elle eût triomphé bien mieux, et bien autrement encore, au temps où le premier Châteaubriand et le premier Lamartine, si différents de ce qu'ils sont devenus, occupoient les cent bouches de la renommée. Et lui, j'ose le croire et le dire, lui l'ange de la chaire chrétienne, lui le *nouveau prophète,* avec une auréole toujours pure, il auroit ouvert alors une ère de miracles dans tout le cours de son apostolat.

Cette époque resplendissante de lumière valoit bien celle où toutes les notions du juste et du vrai ont roulé dans le chaos révolutionnaire. M. de Montalembert, qui ne s'en émeut pas, aime à se louer néanmoins des labeurs qu'il a consacrés avec Lacordaire et ses amis aux réparations de l'édifice social. Mais, sauf toujours la liberté d'enseignement (conquête nécessaire surtout sous les gouvernements douteux), il avoue enfin que pour le reste il y a perdu son temps et sa peine avec tous les fruits de sa généreuse ambition.

Après avoir rappelé quelques-uns de ses grands jours politiques, le noble narrateur s'arrête devant la jeunesse contemporaine et devant la jeunesse vieillie, pour répondre aux doutes qu'il prévoit ainsi:

« Mais j'entends des voix sceptiques et critiques qui interrompent ce récit : Tout ce que vous nous racontez là est-il bien vrai? y a-t-il donc eu dans cette France moderne un *moment* où l'on ait eu le culte passionné et désintéressé de son drapeau et de sa cause? où l'on ait vraiment lutté et souffert pour elle? où l'on se soit *ligué, armé, dévoué, enflammé, embrasé, pour des idées, pour des principes, pour la seule vie de l'âme?* où toute une génération de prêtres et de chrétiens se soit jetée au-devant des ennemis de la foi, sans autre arme que la confiance dans le droit commun et dans la liberté, sans autre ambition que celle d'une part dans le patrimoine reconquis par la justice et l'honneur?

« Oui, en vérité, croyez-le, jeunes gens : cela s'est vu. Il y a eu parmi nous, dans ce pays et dans ce siècle, des gens de cette sorte. Et vous qui n'êtes plus jeunes, vous en étiez aussi, ou vous faisiez semblant d'en être ; vous grossissiez ces foules enivrées d'éloquence et d'enthousiasme, vous qui doutez aujourd'hui de tout ce que vous avez oublié ou trahi ! Vous admiriez avec extase ce grand moine, ce grand orateur, que depuis vous avez renoncé à suivre et à comprendre, vous qui essayez de nier la vie parce qu'elle s'est éteinte en vous, et qui ne savez plus mesurer même du regard la hauteur dont vous êtes tombés. Ah ! il est trop vrai, ce temps-là, qui alors nous sembloit à nous et à nos jeunes ardeurs trop terne et trop froid, ne ressembloit en rien à celui-ci. Pour savoir ce qu'il valoit, il a fallu descendre à

celui dont nous sommes les captifs indignés. »
(p. 82 et 83.)

Ce que vous avez semé, vous l'avez recueilli ! voilà
toujours l'inévitable réponse à laquelle M. de Montalembert doit se résigner, en la méditant au fond de
sa conscience, s'il ne veut plus provoquer de trop
justes plaintes contre lui-même.

Il déclare avoir été dans ce qu'il appelle son
moment, et qu'il considère comme le bon temps (c'est-
à-dire évidemment sous l'usurpation de Louis-Philippe), *ligué, armé, dévoué, enflammé, embrasé, pour
des idées, pour des principes, pour la seule vie de
l'âme.*

Et nonobstant cette redondance de paroles, les
idées, les principes, la vie, manquoient à sa politique,
alors que le droit, le juste, le vrai, en étoient absents.
Aussi a-t-il fallu une nouvelle révolution, sinon pour
la conquête nominale, au moins pour la conquête
efficace de la liberté d'enseignement ; et encore, au
défaut de la base essentielle, il se trouve, il se croit,
il se dit, non pas enseveli, mais emprisonné dans son
triomphe avec ses amis, pour un temps qui dure
toujours, et dont tous ils sont *les captifs indignés !*

A qui la faute ?... Livrez-vous donc aux méditations de la captivité, et en faisant la part de chacun,
faites surtout la vôtre, dans vos *indignations !*

Vous qui avez pris en pitié les règnes où la vraie
liberté grandissoit à l'ombre du sceptre légitime, voulez-vous un exemple de cette justice pure et pourtant
contagieuse alors, qui, *émanant du roi*, descendoit

dans l'âme des magistrats revêtus de sa puissance ?
Bien qu'il appartienne à cette Restauration dont le
nom seul vous fatigue et vous trouble, il vous tou-
chera presque personnellement. Écoutez :

L'un de vos proches, un Montalembert, d'autant
plus digne de son nom qu'il le gardoit au fond de sa
province dans tout l'honneur de la noblesse pauvre,
venoit de perdre devant la *Commission de liquidation
de l'indemnité des Emigrés* une affaire au rapport
et sur les conclusions de M. Alphonse de la Bouillerie (qui devint plus tard trésorier de la couronne).
Avant que le délai du recours au conseil d'État fût
expiré, la jurisprudence vacilla sur la même question.
Aussitôt le consciencieux rapporteur eut des scru-
pules, il craignoit de s'être trompé, et il me pria de
former le pourvoi dont il étoit trop sûr que le récla-
mant ne pouvoit guère et n'osoit pas risquer les
frais ; il se chargeoit des déboursés et s'en reposoit
sur moi pour le reste, sans que M. de Montalembert
en sût rien, de part ni d'autre. Malheureusement la
décision définitive prouva que M. de la Bouillerie
ne s'étoit point trompé. Sa noble action resta igno-
rée, même après sa mort. Mais aujourd'hui, et dans
une occasion si naturelle, comment résister à la tentation d'en trahir le secret, après environ un demi-
siècle de silence ? on ne me le pardonneroit pas.

Si le sentiment du juste et de l'injuste remue ainsi
jusqu'au scrupule les fibres les plus délicates du cœur
de l'honnête homme dans les questions même dou-
teuses de l'intérêt privé, que ne doit-il pas être

quand il s'agit du sort des peuples, quand les grands
principes de l'ordre social et de la morale éternelle
sont en péril et ouvertement violés, et quand se produit enfin une alternative où les consciences sont
jetées entre les débris du droit détrôné et le char
triomphal de l'usurpation?

Or, c'est au conseil des victorieux de 1830 que
vous avez demandé, durant près de vingt années, la
liberté d'enseignement, liberté promise, liberté écrite
dans la charte qu'ils avoient *bâclée;* et vos révérences
et vos amours pour leur régime ont suivi vos menaces
et vos combats; et vous étiez toujours surpris et
parfois irrité de leurs délais, de leurs tergiversations,
de leurs oublis, de leurs refus, mais tout cela étoit
dans la nature même de cette politique où vous avez
eu le malheur de tremper la vôtre.

Le père Lacordaire, lui, n'en avoit rien adopté; s'il
en vit d'abord l'avénement dans l'illusion d'une
aveugle espérance, et s'il a salué pour la forme le
trône de *Juillet*, il en a eu plus tard quelque remords,
et vous lui rendez vous-même cette justice, qu'*il ne
s'y est jamais inféodé.* Aussi, et en fin de compte,
qu'en a-t-il retiré? à peine la tolérance toute précaire
de son froc sous l'abri de la chaire chrétienne!

Croyez-vous que la Restauration eût été longtemps
sourde au vœu des familles et de la catholicité? elle,
si facile, si portée aux concessions, qu'elle y a péri!
Avant de recourir, dans le désespoir ou l'impuissance
de faire mieux, à ce qu'elle croyoit être son palladium,
à son *article quatorze*, contre un parlement rebelle et

parjure, n'avoit-elle pas signé les fatales ordonnances du 16 juin 1828 , contre un ordre célèbre? Vous les avez déplorées ces ordonnances , comme tous les amis de la vraie liberté. Eh bien! qui donc a poussé Charles X à cette concession anti-libérale? Ne sont-ce pas les *libéraux* eux-mêmes , ces masques de la *Comédie de quinze ans*, qui jouoient leur rôle jusque dans la législature? Après cette immolation , le mouvement parlementaire s'est enhardi , la rébellion a nourri, couvé, accru, développé son germe, et le refus de concours a enfin brisé tous les ressorts de la machine constitutionnelle.

Mais si la Légitimité prêtoit ainsi les mains à ses ennemis pour la paix et la conciliation, dans l'intérêt des peuples, que n'eût-elle pas fait avec le vrai libéralisme, dans l'ordre des justes réclamations, des sages réformes, et du loyal progrès! N'y étoit-elle pas la première intéressée? Est-il un seul légitimiste, à quelque époque qu'il appartienne, qui soit resté étranger à ces nobles aspirations? En est-il un seul qui ose contredire les principes dont M. de Montalembert rappelle le programme dressé par l'illustre évêque d'Orléans? En est-il un seul qui n'eût pas voté surtout, et des deux mains, la liberté d'enseignement et la liberté religieuse? (p. 118 et 119.)

Que le biographe du père Lacordaire cesse donc de signaler la Légitimité et les légitimistes comme des ennemis de l'*esprit moderne* loyalement compris, et qu'il cesse aussi de mettre à l'index les *fidèles de l'autorité monarchique,* comme il les appelle en opposition aux *partisans du despotisme démocratique*. (p. 49.)

Les torts du père Lacordaire et de son intime contre la Restauration se trouvent ainsi suffisamment éclairés.

Restent leurs torts envers le gouvernement pontifical.

X

INJURE A LA PAPAUTÉ ET AU GOUVERNEMENT PONTIFICAL.

Si **M.** de Montalembert tient peu à une apologie à l'égard de la Légitimité, il y tient beaucoup à l'égard de la Papauté. Il voudroit même décliner en ce point une complète participation aux errements du dominicain publiciste ; mais il en devient presque aussi responsable que le père Lacordaire l'étoit lui-même.

Voici comment en effet l'illustre biographe s'en explique et entend l'excuser : « Resté invinciblement fidèle au souvenir de l'enthousiasme qu'avoient excité les premières années du pontificat de Pie IX, il ne croyoit ni à l'utilité, ni à la durée possible de cet éternel *statu quo* dont les résultats ont été si désastreux : *Oui*, disoit-il, *le Chef de la chrétienté dispersée par tout le monde, le plus haut organe de l'Évangile qui a sauvé le genre humain, le Vicaire de Dieu fait homme, oui, cet Homme - là doit être souverain : mais il faut qu'il soit un souverain capable, administrant bien son État et sachant s'y créer une force morale qui puisse l'y soutenir.* » (p. 218.)

M. de Montalembert indique la date de ces paroles du père Lacordaire (9 août 1856); on doit en conclure qu'elles sont écrites dans une lettre qui manifestement étoit confidentielle.

Cette divulgation des pensées d'un simple moine, assez inhabile aux choses politiques, et par un homme qui, de son propre aveu, *s'est plus d'une fois trompé lui-même,* achève de dénoncer le téméraire jugement des deux amis, et la déplorable indiscrétion du survivant : *mieux vaudroit un sage ennemi !*

Le biographe reprend : « Certes, il n'eût jamais été de ceux qui reprochoient à la Papauté son immobilité, parce qu'elle maintient les lois immuables de justice, en refusant de ratifier, même implicitement, la spoliation. Mais il ne reconnoissoit à aucun abus le droit de se légitimer par la durée.

« Il espéroit donc toujours voir rentrer le Pontife, par un effort spontané de son autorité, dans la voie des réformes, et former ainsi en Italie UN PARTI D'HONNÊTES GENS ET DE CHRÉTIENS SENSÉS. »

Les *honnêtes gens* n'ont pas besoin d'être définis. Mais quels sont les *chrétiens sensés?* M. de Montalembert prétend l'être, lui ; et l'on se rappelle la prévision qu'il attribue à *tous les hommes sensés de ce siècle,* celle du *triomphe inévitable de la démocratie.* (V. page 36, *sup.*) Ne faudroit-il pas définir aussi la démocratie elle-même ? Or, l'*Opinion Nationale* demande aujourd'hui (1) l'expulsion de tous les ordres religieux, en alléguant que *la démocratie moderne est incompatible avec le catholicisme.*

Que le promoteur du nouveau parti commence donc par un programme.

Quant à présent, rien de clair, rien de prévu, rien de positif.

Et voilà comment un *chrétien sensé,* du haut de son pupitre d'ancien pair de France, comme d'un tribunal, se constitue le juge du Pontife universel ! et, jusque sur la tombe de l'humble moine, ose dévoiler les anciennes confidences dont sa vertu gémiroit maintenant plus que jamais !

Qui donc vous a donné le droit, à vous homme d'erreur, comme vous l'avouez, de juger le gouvernement Pontifical, de mettre en doute la capacité monarchique du Chef de l'Église, de fixer l'objet de ses délibérations, l'époque de leur mise en pratique, d'y proposer vos conseils, de prononcer sur le fait des abus et sur l'opportunité des réformes, enfin, de provoquer la formation en Italie d'un *parti d'honnêtes gens et de chrétiens sensés ?*

Que nous dit de plus, et au fond, le plus grand ennemi de la Papauté, lui qui ment avec une impudence imperturbable, lui qui trouve moyen de mentir encore sans parler. Ignorez-vous donc ce qu'il sait si bien ?

Il sait bien que Pie IX n'a besoin de leçon, ni pour

(1) 27 juillet 1862.

gouverner, ni pour réformer ; il sait bien cette belle parole du saint Pontife qu'on ne sauroit trop redire : *Je ne connois rien de plus révolutionnaire que les abus ;* il sait bien que la sagesse pontificale doit être libre dans ses inspirations ; il sait bien que toutes les calomnies contre son gouvernement ont été confondues ; que même chez nous, dans nos archives diplomatiques, il en existe des documents irrécusables, et surtout le rapport d'un ancien ambassadeur, du comte de Rayneval, ce grand témoin d'outre-tombe, dont la voix n'a jamais été ni pu être démentie ; il sait bien enfin que plus d'un peuple en Europe, et la France elle-même auroient des abus autrement graves et autrement nombreux (1), à déraciner, si le vœu des honnêtes gens étoit toujours entendu et toujours réalisable.

Vouloir un *parti,* là où l'unanimité des cœurs entoure le Père commun des fidèles, là où ses ennemis ne sont que des émissaires de la spoliation, c'est trop rappeler ce *parti catholique* dont l'existence a été si déplorable pour l'Église et pour le royaume très-chrétien !

Une telle idée ne pouvoit germer que dans l'imagination de celui qui, après avoir innocenté un règne usurpateur dans sa patrie, doit retrouver les traces de sa doctrine dans la révolution italienne et dans toutes les conséquences qui en découlent.

L'indiscrétion qui a livré au public la lettre du

____

(1) Nous en avons déjà signalé un grand nombre dans l'écrit intitulé : *Dieu, le Pape et la France.*

9 août 1856, est d'autant plus regrettable, que M. de Montalembert avoit sous les yeux la brochure sur la *Liberté de l'Italie et de l'Église*, où la pensée du père Lacordaire, déjà bien modifiée en 1860, respire l'enthousiasme pour le Souverain Pontife. Il établit d'abord la justice, la nécessité, la providentielle consécration du pouvoir temporel des Papes, puis il ajoute, quant à son gouvernement d'*ancien régime* :

« Comment avouerai-je qu'il n'y a rien à espérer de Rome, quoi qu'il arrive, qu'une muette et implacable immobilité ?

« Que ceux-là le disent qui croient à la mort du Christianisme et à la chute préalable de la Papauté : pour moi, qui suis sûr de la coéternité de leur durée, je suis sûr aussi que Rome fera, à son heure et dans sa liberté, ce qui sera nécessaire au salut du monde. Est - ce bien à l'Italie de le méconnoître, à elle qui a vu Pie IX courir au-devant de ses aspirations, et, le premier des souverains, lui ouvrir la perspective de son affranchissement? C'est Pie IX qui, par la force de son exemple, arracha aux incertitudes de Charles-Albert, le statut constitutionnel du Piémont. C'est lui qui, ressuscitant du tombeau de Paul IV, après trois cents ans, les étincelles ensevelies de la liberté italienne, ralluma d'un bout à l'autre de la Péninsule, l'espérance et l'ardeur. Il est vrai, Pie IX n'a pas poursuivi son œuvre; mais qui l'a interrompue, qui l'a blessée à mort? Ah ! l'univers le sait. Le sang du comte Rossi couvre à tous les yeux la Papauté d'une justification qui

ne périra point. Ceux qui ont vu cet illustre vieillard blanchi dans l'amour de l'Italie et les services
de la liberté, tomber sous les coups d'un sicaire,
aux portes de l'assemblée nationale convoquée par
Pie IX, ceux-là pardonneront toujours au Pontife
d'avoir désespéré de son temps. Mais l'œuvre qu'il
avoit entreprise à lui seul, le premier et contre tous,
cette œuvre n'a pas perdu sa signification devant la
postérité et la raison. Elle restera comme la preuve
que Rome ne confond pas la caducité de ce qui est
terrestre avec l'immutabilité de ce qui est divin ;
que la loi d'un empire ne prend pas dans son esprit
le caractère des dogmes dont elle a reçu le dépôt ;
qu'elle sait reconnoître les signes avant-coureurs
des grands changements, et que, docile aux leçons des
siècles comme aux leçons de Dieu, elle apporte
dans les affaires humaines les suggestions d'une
sagesse deux fois éclairée. Pie IX est indivisible
devant l'histoire. Les contemporains peuvent le
dédoubler pour l'opposer à lui-même et détruire le
premier âge de son pontificat par le second : c'est
leur rôle, ce ne sera pas celui de l'avenir. Un jour,
lorsque l'étranger ne régnera plus sur l'Italie,
lorsque, maîtresse chez elle, sauvée de l'irréligion
par la liberté, elle reviendra en arrière de ses destinées accomplies, l'image d'un Pontife malheureux
se lèvera devant ses regards pacifiés. Elle reconnoîtra
sous ses traits tristes et calmes le premier héros de
son indépendance, l'homme qui eût épargné à sa
cause du sang, des larmes, de la honte et des

regrets ; et, juste trop tard, si jamais on peut l'être trop tard, elle élèvera une statue au Washington que la Providence lui avoit donné et dont elle n'aura pas voulu. » (p. 33, 34 et 35.)

Voilà de belles prévisions de justice tardive ! mais Pie IX est au-dessus d'une émulation terrestre ; il est l'homme de Dieu et n'a besoin ni de statues, ni d'un parallèle où la *sagesse deux fois éclairée* est mise en comparaison avec une sagesse tout humaine. A lui donc, à lui seul l'initiative et la décision dans la question de son pouvoir et de ses droits; et une pression étrangère, de quelque puissance qu'elle vienne, n'est pas plus acceptable pour lui que l'ingérence des officieux publicistes dans cette même question.

Tout le tort imputable au père Lacordaire, sur le problème italien, se réduisoit désormais à vouloir substituer, comme condition *sine qua non*, la confédération forcée à l'utopie unitaire.

Et il avoit pris soin, sans y avoir réfléchi, de se réfuter lui-même, en accusant *le général Bonaparte* d'avoir *ouvert les portes de l'Italie à l'Autriche, par la destruction de la République de Venise ;* et l'*Europe de 1815* d'avoir *consommé la faute du général Bonaparte, en consacrant la ruine de l'État Vénitien.* (p. 13.)

Ce n'est donc pas pour l'Italie unifiée, ou confédérée, mais pour l'Italie avec ses divers États cimentés par les siècles, que le père Lacordaire auroit jadis prêché la liberté et l'indépendance. Mais, hélas ! dans l'ère nouvelle, toujours attentif au vent populaire, il ne nomme pas les peuples italiens entre lesquels il eût voulu la confédération; et ici, il n'a pas une larme, pas un regret, pas un seul accent, pour les légitimités trahies et odieusement spoliées dans la Péninsule; et, si de cette indifférence il excepte les domaines du Saint-Siége, nul éclat d'indignation ne fait frémir la plume sous ses doigts, et il semble n'avoir aucun anathème à lancer contre les audacieux conspirateurs ou flibustiers, qui couvrent de ruines et de sang cette malheureuse Italie !

Ai-je tort moi-même de demander à un ministre du Dieu de paix des paroles menaçantes contre les ennemis de l'Église et les meurtriers de son peuple? Peut-être suffit-il qu'il ait dit (p. 38) : « *Partout ailleurs l'abus de la force est odieux, là il est sacrilége.* »

Et c'en est assez pour avertir les coupables, les grands coupables surtout !

Mais pourquoi ne pas ouvertement tirer toutes les conséquences des principes posés? après s'être fait cette objection : « Il ne s'agit pas, me dira-t-on, d'enlever au Pape sa couronne, mais de la diminuer; » Il reprend : « Que répondroit la France, si on lui proposoit d'abaisser la sienne? » Et aussitôt il formule un axiome éclatant de vérité et de justice :

Le territoire est divisible, le droit ne l'est pas. (p. 45.)

Il avoit même dit (p. 9) : *Le temps n'ajoute rien à l'injustice, que la durée; il ne diminue pas la dette, il l'accroît.*

Après cela, on attend, mais en vain, un mot sur l'indigne spoliation des Romagnes, des Marches et de l'Ombrie! Étoit-ce donc trop qu'un mot, un seul mot, à l'unisson des plaintes de Pie IX et de toutes les voix fidèles? et faut-il se contenter d'une adhésion doctrinale, là où le cri vengeur doit retentir dans la force de l'unanimité catholique?

Du moins le même principe qui vient de nous consoler, devra se reproduire plus tard, et éclairer de graves questions.

Il se recommande pareillement au souvenir de M. de Montalembert. Sa première confession doit, sous de tels auspices, s'achever facilement et lui mériter enfin une admiration sans nuage et sans réserve. Puisse-t-il dire avec confiance, pour sa part, ce qu'il dit pour celle de Lacordaire (p. 6): « Avant de quitter à notre tour cette terre où il est si dur de survivre à ses amis, il convient de (nous) préparer l'accès de ce jugement de l'histoire qu'on doit à la fois attendre et redouter, quoiqu'il ne soit ni universel, ni infaillible! » Et puisse-t-on répéter aussi un jour à sa gloire ces paroles de Lacordaire, qu'il lui retourne en le félicitant d'avoir *eu toujours un égal souci du salut et de l'honneur!*

Pour la réparation, de même que pour le mérite, devant Dieu et devant les hommes, jamais il n'est trop tard.

XI

QUELQUES MOTS SUR LA BIOGRAPHIE DU PÈRE LACORDAIRE, PUBLIÉE
DE SON VIVANT, PAR UN AUTRE AMI (1).

Cet abrégé de la pleine vie de l'enfant, de l'écolier, de l'étudiant, de l'avocat, du séminariste, du prêtre, du moine, du prédicateur et de l'écrivain, est un beau monument élevé à la mémoire du père Lacordaire.

Le biographe, ou plutôt l'historien, car il en a toutes les qualités, semble avoir été jusqu'à présent le plus digne interprète et le meilleur juge des actes, des sentiments, des pensées, et de l'éloquence, écrite ou parlée, du grand Dominicain.

Uniquement occupé de son héros, et sans aucun autre retour sur soi-même, que la satisfaction de louer et d'admirer un illustre ami, M. Lorain est aussi exact dans les faits (2) que sûr dans la plupart de ses jugements.

(1) M. Lorain, Tom. XVII et XVIII du *Correspondant*.

(2) Sa narration auroit seulement besoin d'être rectifiée sur quelques détails ignorés.

Ainsi, Lacordaire avoit non-seulement trois frères *germains*, mais il avoit aussi un frère consanguin, issu d'un premier mariage de son père. Je l'ai connu moi-même à Voulaines, non loin de Recey-sur-Ource, dans une famille de maîtres de forges alliée à la mienne, et à laquelle il appartenoit aussi.

Il étoit valétudinaire ; il mourut à la fleur de l'âge ; et je suis

A tout point de vue, moral, religieux, philosophique, littéraire, oratoire, on voit l'homme compétent pour dire tout dans le calme d'une conscience droite, et éclairer tout dans la lumière de la vraie science.

Son amitié ne lui ôte rien de l'impartialité du juge.

L'œuvre définitive de la grande vie du père Lacordaire, préparée en ce moment et encore par une main amie et exercée aux chefs-d'œuvre, ne pourra être que le développement de cette admirable esquisse.

Nous avons néanmoins quelques observations à faire.

persuadé que l'édifiante vie du jeune Henri n'aura pas peu contribué à répandre la lumière et la consolation dans le cœur du mourant.

Un autre détail qui me concerne a moins d'importance: je n'étois pas encore avocat à la Cour de cassation, mais avocat à la Cour royale, quand le Président Riambourg m'adressa Henri Lacordaire, en 1822. Je travaillois de temps en temps, comme secrétaire libre, dans le cabinet de M. Mourre, Procureur général à la Cour de Cassation, et j'eus le bonheur de lui présenter à ma place mon collaborateur, qui alternoit ainsi, avec la même liberté, entre le magistrat éminent et le simple avocat.

Lacordaire hérita ensuite avec Me Gaudry et quelques autres, jeunes confrères amis, de mes causes à la Cour royale quand je fus nommé avocat aux Conseils.

M Lorain rappelle qu'en 1831, lorsque l'abbé Lacordaire réclama son inscription au tableau des avocats de la Cour de Paris, *Me Mauguin eut l'esprit de voter pour lui.* Je tiens de Me Marie, rapporteur de la demande, qu'il a conclu lui-même aussi à l'admission, et soutenu son avis durant une séance de quatre heures contre l'opposition des *anciens.* Il ajoutoit avec beaucoup de sens que les supérieurs ecclésiastiques étoient seuls juges ici de la convenance et de l'opportunité, mais que le droit de l'avocat muni de ses titres demeuroit intact dans le prêtre.

L'auteur appartient à l'école politique insensiblement formée autour de l'éloquent Dominicain, et qui s'accommodoit de tous les mouvements de ce siècle, sinon par vertu de soumission chrétienne, du moins avec l'espoir d'arriver, du milieu des bouleversements, à la pleine liberté religieuse.

De là une foule de contradictions et de mécomptes. On l'a déjà vu dans l'œuvre de M. de Montalembert; on le voit aussi, et sous un autre aspect, dans celle qui est plus ancienne.

M. Lorain rappelle avec complaisance (p. 69) ce passage d'une lettre de Lacordaire : « Étant en unisson *avec un siècle* DONT IL A TOUT AIMÉ, *il n'a eu,* comme il le dit, *besoin que d'un peu de mémoire et d'oreille, pour parler comme il l'a fait.*

Le temps ne s'est pas écoulé depuis cette parole, sans que le père Lacordaire ait avoué sa méprise sur le compte de son siècle; car il ne pouvoit plus l'aimer dans tout ce qu'il en a vu, soit en France, soit ailleurs ! Indépendamment de bien d'autres lamentations, celle qu'il a soupirée sur la question italienne, comme la dernière avant sa mort, s'applique également à sa patrie. On va l'entendre :

« Italiens, votre cause est belle, mais vous ne savez pas l'honorer et vous la servez plus mal encore. Il ne falloit à Rome que du temps et votre liberté étoit reconquise. Respectée de vous, mise à part de toute question, elle eût bientôt d'elle-même incliné sa tête sacrée du côté de vos triomphes et de vos droits. Par le seul fait de l'exemple et du contact, sa constitution intérieure se seroit modifiée dans le sens de la vôtre ; et, sauf les nuances que chaque État doit garder comme l'inaltérable signe de la personnalité que les siècles lui ont faite, elle eût apporté à votre confédération des similitudes suffisantes, et de plus son nom, son antiquité, son poids dans le cœur des hommes, et enfin le consentement de Dieu. Au lieu de cela, qu'avez-vous fait ? Pour un vain système d'unité numérique et absolue, qui n'intéresse en rien.... votre nationalité et votre liberté, vous avez élevé entre vous et deux cents millions de catholiques une barrière qui grandit chaque jour. Vous avez mis contre vos plus légitimes espérances plus que des hommes, vous y avez mis le Christianisme, c'est-à-dire le plus grand ouvrage de Dieu sur la terre, sa lumière et sa bonté visibles, l'empire des âmes, la pierre où sont venus se briser tous les desseins ennemis. Sachez-le bien, c'est Dieu qui a fait Rome pour son Église. Il n'y a pas un consul ni un César dont la pourpre n'ait été prédestinée pour orner le trône où devoit s'asseoir le vicaire de Jésus-Christ. Vous avez mis contre vous une volonté éternelle de Dieu. Vous la trouverez, n'en doutez pas.

« Hélas ! qui le sait mieux que nous Français ? Voilà soixante-dix ans que nous poursuivons dans notre patrie l'édifice de notre liberté, et jamais nous n'avons pu obtenir du temps la consécration de nos efforts. Quand nous croyons avoir bâti, un vent se lève sur notre ouvrage et nous fait des ruines qui étonnent tous les témoins de nos tragiques mécomptes.

Qu'est-ce donc qui nous manque? Ce n'est ni le courage militaire sur les champs de bataille, ni l'heureux succès dans les hasards, ni les orateurs inspirés, ni les grands poëtes, ni les jurisconsultes habiles à discerner le droit, ni rien de l'homme et de l'art : nous avons tout, excepté Dieu. Et Dieu nous manque, parce que nous n'avons pas voulu placer dans nos fondements son Évangile, son Église et son Christ. Que seroit-ce de vous, Italiens, qui vous attaquez au centre de même l'œuvre divine (1)? »

Devant de telles paroles, que devient la prévention du père Lacordaire contre les gouvernements d'*ancien régime?*

A ces gouvernements *Dieu ne manquoit point*, car ils avoient placé dans leurs *fondements son Evangile, son Eglise et son Christ.*

Et comment *tout aimer* d'un siècle où le nouveau régime, heureux et fier de faire le tour du monde, exclut de ses constitutions et de ses fondements la pensée catholique, c'est-à-dire *le salut des nations;* et en conséquence admet, tolère, provoque même, la propagande des révoltes, les conquêtes de la trahison, la complicité de l'intervention occulte qui les prépare, et celle de la non-intervention promulguée qui les absout ?

Comment tout aimer d'un siècle où le nouveau régime fait abstraction du droit, où la puissance s'irrite et s'indigne des retards apportés au contre-

______
(1) *De la liberté de l'Italie et de l'Église* (1860).

seing des plus odieuses spoliations qui aient jusqu'ici épouvanté la terre, et ne semble enfin espérer de repos que dans une communion universelle à ce banquet d'iniquité?

Comment tout aimer d'un siècle où le nonveau régime vilipende ou laisse vilipender l'autorité la plus sainte, la plus paternelle, la plus ancienne et la plus inviolable?

Comment tout aimer d'un siècle où le nouveau régime livre le peuple en proie au venin d'une presse impie, qui chaque jour outrage la foi de nos pères et creuse l'abîme de leur postérité?

Comment tout aimer d'un siècle où le nouveau régime étale dans ses palais, dans ses musées, dans ses jardins publics, dans ses théâtres, et partout, des œuvres qui entraînent par les sens la foule des jeunes cœurs à la corruption?

Comment tout aimer d'un siècle où le nouveau régime entretient la vie de l'agiotage, cette vie qui absorbe l'âme dans l'or, comme l'eau dans le sable?

Comment tout aimer d'un siècle où le nouveau régime, pour *moraliser* le peuple, (et encore dans quel sens!) dépense à peine quelques parcelles des immenses trésors qu'il jette à pleines mains dans les jouissances matérielles?

Comment tout aimer d'un siècle où le nouveau régime permet de profaner le jour de Dieu, comme s'il étoit aboli dans la mémoire des hommes?

Comment tout aimer d'un siècle où le nouveau régime, au mépris des avertissements du Ciel et de ses fléaux, semble avoir pris le parti d'y rester sourd?

Comment tout aimer d'un siècle où le nouveau régime ne veut pas laisser aux honnêtes gens, pour faire le bien, le quart de la liberté qu'il adjuge aux pervers, pour faire le mal ?

Et si, à ces plaintes générales et applicables à presque tous les gouvernements de nouveau régime, on ajoute les scandales et les abus particuliers à chacun d'eux, combien d'autres motifs encore de ne pas tout aimer d'un siècle dont on est obligé en conscience de se détacher pour avoir *toujours un égal souci du salut et de l'honneur !*

C'est là précisément, répondra l'ironie, c'est là le plus salutaire exercice des chrétiennes vertus !

Eh bien! cette ironie, le père Lacordaire l'auroit prise au mot, pour lutter par le courage et la patience contre le malheur de nos jours. Ah! s'il eût vécu jusqu'à la manifestation œcuménique de 1862, comme il eût été fier de se condamner lui-même, et de fouler aux pieds ses erreurs aussi naïves qu'involontaires, sur la politique morale. Sa droiture n'avoit besoin que de voir clair; et ses aveugles amis, il faut le dire encore, ont toujours épaissi de leurs propres mains le bandeau qu'ils portoient comme lui. Combien, pour emprunter les paroles de M. Lorain, combien nous aurions à *féliciter le père Lacordaire d'avoir de plus en plus dépouillé le vieil homme comme un enfant obéissant de l'Eglise, et de s'être fait toujours davantage l'homme de l'éternité plutôt que l'homme du temps.* (p. 75.)

« Nous nous réjouissons aussi , ajoute-t-il, que la maturité des années, en confirmant la plénitude de sou talent, ait aussi complété la modération et la justesse de ses idées les plus généreuses. Il y a longtemps que nous savons avec quelle sincérité réfléchie il sait modifier dans son esprit l'opinion qu'il a soutenue autrefois avec le plus de verve et d'entraînement, et avec quelle bonne foi il mûrit dans sa tête et laisse éclore à son heure et dans toute sa force l'objection qu'il avoit d'abord repoussée. »

Je ne crois donc point me tromper en présumant que le père Lacordaire auroit eu besoin surtout d'amis dévoués jusqu'à la plus implacable franchise.

Il avoit le cœur si humble que nul plus que lui n'auroit aimé à mieux faire, après avoir bien fait, pour arriver jusqu'à la perfection. On en trouve un touchant témoignage dans l'épisode qui termine sa lettre sur le Saint-Siége (1833), témoignage bien digne de la tombe du bien-aimé frère-prêcheur.

XII

ÉPISODE , DANS LA SOLITUDE ET LA MÉDITATION.

« Je me promenois, il y a peu de jours , dans la campagne de Rome, proche des catacombes de Saint-Laurent ; je me dirigeai vers un cimetière nouveau qu'on a creusé dans ce vieux cimetière, et je fus frappé, à la porte, par une inscription :

PLEURE SUR LE MORT, PARCE QU'IL S'EST REPOSÉ !

J'entrai en la méditant ; car que vouloit-elle dire ? il ne fut pas difficile de le comprendre : Pleure sur le mort, parce qu'il s'est reposé de bien faire, parce que ses mains ne peuvent plus donner, ni ses pieds aller au-devant du malheur, parce que ses entrailles ne sont plus émues par la plainte, et que son esprit envolé loin des disputes des hommes ne leur oppose plus l'acte d'une foi humble et patiente. Pleure sur le mort, parce qu'il s'est reposé, tandis que celui qui le nourrissoit, sur la terre, de la doctrine et du pain de la vie, son Seigneur et son Maître, est encore sujet aux contradictions. Pleure sur le mort, parce que le temps de la vertu est fini pour lui, parce qu'il n'ajoutera plus à sa couronne. Pleure sur le mort, parce qu'il ne peut plus mourir pour Dieu. Je roulai long-temps dans mon âme ces pensées, qui étoient entretenues par le voisinage des martyrs et par cette douce basilique élevée dans la campagne au diacre saint Laurent. Je regardai les vieux murs de Rome qui étoient devant moi, se tenant debout autour du Siége Apostolique, comme ils se tenoient autour des Césars, et je regagnai lentement ma demeure solitaire, *heureux de me sentir un moment* LOIN DE MON SIÈCLE, mais sans désirer d'être né dans un siècle plus tranquille, ayant entendu près de la tombe des saints et des martyrs cet avertissement sublime :

PLEURE SUR LE MORT, PARCE QU'IL S'EST REPOSÉ (1).

Ici venoit encore cette parole sacrée qui semble avoir dicté l'inscription sépulcrale : *Ne revoces me in dimidio dierum meorum !* (ps. CI - 24.) « O mon Dieu, ne me retirez pas du milieu de ma vie ! » non de cette vie qui se compte par les années, mais de cette vie qui se mesure sur les mérites, et qui s'accomplit dans la grâce, et autant que possible dans la perfection.

Le pieux Lacordaire l'a eue, cette plénitude de vie, espérons-le ; elle a consolé ses derniers soupirs, et l'ange qui garde sa tombe ne dit pas au peuple : Pleure sur le mort, mais pleure sur toi, parce qu'il s'est reposé.

A Dieu seul de faire sonner l'heure du repos ; et rappelant à lui l'âme la plus dévouée à son service,

(1) C'est la traduction du verset 11, chap. XXII de l'*Ecclésiastique*. Seulement l'inscription avoit omis le premier mot de ce verset que voici en entier : *Modicum plora super mortuum, quoniam requievit.* L'interprétation du père Lacordaire est conforme à l'intention qui a modifié le texte, et on en recueille avec lui de saintes méditations. Mais l'auteur sacré donne un autre sens : *Pleure un peu sur le mort, car il est entré dans le repos,* ce qui pour le Juste veut dire aussi dans la gloire. Ce vrai sens est d'autant plus évident que le verset 13 ajoute : « On pleure sur un mort durant sept jours ; mais l'insensé et le méchant doivent être pleurés tous les jours de leur vie. » C'est-à-dire même de leur vivant, car leur vie n'est qu'une mort.

il la récompense avant le temps qu'elle eût voulu lui consacrer encore.

Le prophète lui-même n'est pas juge du terme de son labeur; et il est bien permis, en mémoire d'une grande vie et d'une grande mort, de s'arrêter un moment dans cette pensée et dans le témoignage qu'en donne l'Écriture (1) :

Lorsque qu'Élie, après ses miracles, fuyoit au loin la persécution de Jézabel, il arrive au désert, et il dit à Dieu : «Seigneur! c'en est assez, reprenez mon âme, car je ne suis pas meilleur que mes pères. Et s'étant couché par terre, il s'endormit à l'ombre du térébinthe. Et voici que l'ange du Seigneur le toucha et lui dit : Lève-toi et mange. Élie regarda et vit près de sa tête un pain cuit sous la cendre et un vase d'eau. Il mangea donc et il but, et se rendormit. Puis l'ange du Seigneur revint une seconde fois, le toucha de nouveau et lui dit : Lève-toi et mange, car tu as encore une longue route à faire. Il se leva donc, il mangea et il but, et, fortifié par cette nourriture, il marcha quarante jours et quarante nuits, jusqu'à Horeb, la montagne de Dieu. Étant ainsi arrivé là, il demeura dans une caverne, et le Seigneur lui parla et lui dit : Élie, que fais-tu ici? Élie répondit : Je brûle de zèle pour vous, Seigneur, Dieu des armées, parce que les enfants d'Israël ont abandonné votre alliance, qu'ils ont détruit vos autels, qu'ils ont tué vos prophètes par le glaive, et que je suis resté seul, et qu'ils

____

(1) III *Reg.*, XIX-4.

cherchent encore à m'ôter la vie. Le Seigneur ajouta : Sors et tiens-toi debout sur la montagne devant le Seigneur. Et aussitôt le Seigneur passa, et il s'éleva un vent impétueux et fort jusqu'à renverser les montagnes et briser les rochers ; mais le Seigneur n'étoit pas dans ce vent. Et, après le vent, la terre trembla ; et le Seigneur n'étoit pas dans ce tremblement. Et après le tremblement un feu s'alluma ; et le Seigneur n'étoit pas dans ce feu.

« Et, après le feu, on entendit le souffle d'une brise légère. A ce signe, Élie se couvrit le visage avec son manteau, et sortant de la caverne, il se tint à l'entrée. Et alors une voix lui dit : Élie, que fais-tu là ? Il répondit : Je brûle de zèle pour vous, Seigneur, Dieu des armées... etc...

«Et le Seigneur lui dit : Va, retourne par le même chemin, à travers le désert... etc. »

Pas plus pour le prophète de Notre-Dame que pour le prophète du Peuple élu, Dieu n'étoit dans *le vent impétueux et fort jusqu'à renverser les montagnes et briser les rochers;* c'est-à-dire jusqu'à renverser les trônes et briser les couronnes.

Dieu n'étoit pas non plus dans *les tremblements de terre;* c'est-à-dire dans le bouleversement des institutions consacrées au salut des peuples.

Enfin, Dieu n'étoit pas *dans le feu;* c'est-à-dire dans l'incendie qui allume les révoltes.

Mais Dieu venoit avec la *brise légère,* symbole de grâce et de bénédictions (1).

Quand Lacordaire disoit de la solitude : *C'est mon élément, c'est ma vie !* il y respiroit les brises de Dieu, il y recueilloit sa rosée, il y méditoit les choses éternelles, il y préparoit ses chefs-d'œuvre, et, mieux encore, il y cultivoit les germes qui bientôt devoient enfanter tant d'élus sous la flamme de sa parole !

De là les premières prédications.

Il retourne ensuite à sa retraite ; il mûrit ses inspirations dans le silence du cloître, dans cette sainte caverne, dans ce désert, et il n'en sort qu'en se couvrant comme Élie, *avec son manteau,* avec ce froc, d'où sont sortis des miracles de grâce, de résur-rection et de gloire !

Aussi l'ange du Seigneur lui avoit-il dit, comme à Élie : *Retourne par le même chemin......*

Et il est revenu dans la chaire sacrée, par le même chemin, par le désert, et fortifié encore avec le pain miraculeux, avec l'onction divine ; et les fruits de sa mission ont été plus abondants que jamais, dans les secondes prédications.

Si une effroyable tempête, dont il fut plus stupéfait que de toutes les autres, lui conseilla d'épouser irré-vocablement enfin sa chère solitude, quels trésors il y a trouvés ! et combien les troisièmes prédications en ont reçu de richesse, de splendeur et de vie !

Mais, hélas ! Lacordaire pouvoit dire, comme Élie :

(1) Cette citation est plus amplement commentée dans les *Anges de la Bible.* Tom. II, pag. 291.

Je ne suis pas meilleur que mes pères ! et sans que nul n'ose demander en quoi le grand prophète se plaignoit de lui-même à lui-même, nous savons ce qui a manqué au prophète de Notre-Dame, et encore ce qu'il avoit de trop ! Il n'a pas toujours redouté le vent impétueux qui renverse les montagnes et brise les rochers ; il a même eu l'audace d'affronter la terre bouleversée dans ses tremblements ; et il s'est jeté à travers les éclairs et les tonnerres de la révolution.

Voilà sans doute le sujet de ses dernières larmes, et voilà évidemment celui de nos justes doléances.

Nous sommes loin, on le voit manifestement dans toutes nos paroles, de nous en prendre à la personne du plus regrettable ami ; mais nous attaquons des doctrines qui ont malheureusement encore de nombreux sectateurs ; c'est là une cause toujours palpitante ; elle ne sauroit être désertée sans nouveau danger pour un avenir inconnu. Elle doit être soumise à l'examen de toutes les consciences et religieusement jugée sous leur responsabilité !

DOLÉANCES

AU

R. P. LACORDAIRE

PREMIÈRE DOLÉANCE

C'est à l'occasion de son discours sur *la vocation de la Nation Française*, que je lui adressai ma première lamentation ou *doléance amicale ;* elle étoit précédée d'une longue notice sur le jeune dominicain, le tout faisant partie d'un volume de vers et de prose, sous ce titre : *Le Souvenir du ciel dans les émotions de la terre.*

Quand l'orateur sacré, avant de revêtir l'habit de saint Dominique, rédigeoit, en compagnie de l'abbé de Lamennais et du comte de Montalembert, le fameux journal l'*Avenir*, la presse religieuse discutoit leur doctrine commune. Mais longtemps après la dissolution de ce triumvirat et de son organe public, les opinions hardies de l'un des trois publicistes admettoient, plus facilement encore, un contradicteur étranger aux luttes quotidiennes.

Je me crus donc en droit, surtout avec les souvenirs qui m'attachoient au père Lacordaire, d'intervenir dans quelques-unes des discussions orageuses que suscitoit son génie parfois effréné.

Cette première doléance, qui pouvoit bien se dire *amicale*, fut suivie d'autres doléances plus sévères et qui n'étoient que trop fondées! Le lecteur en jugera.

Je reproduis l'ancienne notice, à cause de l'intérêt qu'elle peut garder toujours, et aussi parce que l'édition de l'ouvrage où elle avoit pris place est épuisée.

NOTICE PRÉLIMINAIRE

Peut-être s'étonnera-t-on qu'un simple laïque se permette des doléances publiques sur un sermon. Cela n'est pas, dira-t-on, dans les mœurs chrétiennes. A la science ecclésiastique seule il appartient de juger, d'approuver ou de censurer avec pleine puissance les œuvres théologiques, et surtout les paroles tombées du haut de la chaire. Il s'ensuivroit que je n'aurois pas mission pour adresser la moindre observation au R. P. Lacordaire sur son sermon du 14 février 1841.

Une première justification seroit facile : c'est que ce sermon, ou plutôt ce discours, a fait invasion dans l'ordre temporel et jusque dans la politique. Il a provoqué ainsi les remontrances de tous les écrivains et même de tous les partis. Dans une pareille controverse la faute seroit non pas à la réponse, mais à la provocation. Voilà donc une excuse générale pour tous les laïques adversaires de la doctrine du brillant orateur.

Mais on reconnoîtra aussi que j'ai des motifs particuliers et personnels pour cette manifestation de mes sentiments.

J'ai été pour le jeune Lacordaire, au moment de son apparition au barreau de Paris, ce que l'on appelle vulgairement un patron, une espèce de père, ou pour le moins de frère aîné. Les circonstances qui ont formé ce lien entre nous ne sont peut-être pas indignes d'être connues; j'en ai souvent parlé; elles ont même été recueillies et déjà publiées; et je ne suis pas fâché d'avoir l'occasion de donner des détails plus exacts, bien que le fond reste le même. Toute cette révélation est permise, car l'éloquent prédicateur a plusieurs fois ouvertement déclaré, devant ses nombreux auditeurs, l'incrédulité de sa jeunesse.

Dans le cours de l'année 1822 le jeune Lacordaire, que je ne connoissois pas (1) se présenta chez moi avec une lettre de M. Riambourg, ancien procureur-général du roi, et alors président de chambre à la Cour royale de Dijon, magistrat distingué, philosophe chrétien, et qui depuis longtemps m'honoroit de son amitié. Cette lettre me proposoit de recevoir comme collaborateur le jeune avocat; elle m'en faisoit un portrait que l'on devoit trouver très ressem-

(1) Je l'avois seulement entrevu à Recey-sur-Ource, chez Madame sa mère, alors qu'il sortoit à peine du berceau.

blant, même au premier abord ; elle me parloit de sa candeur, de ses heureuses inclinations , de ses brillantes études au collége, et de ses succès à l'école de droit de Dijon. Elle ajoutoit qu'il ne s'agissoit plus que de lui donner *une bonne direction* à Paris. En comparant l'air décent et presque angélique du protégé de M. Riambourg avec cette candeur qui faisoit si bien partie du signalement , je ne doutai pas le moins du monde qu'il ne fût question de le faire entrer dans la congrégation , cet asile des jeunes gens chrétiens qui arrivoient dans Babylone, et à laquelle j'avois eu moi-même tant de grâces à rendre ! Il est bon de le dire ici en passant, jamais je n'ai rien vu de politique dans ces pieuses réunions tant calomniées. Elles avoient lieu tous les quinze jours pour entendre la messe et une sainte prédication. On y trouvoit les plus grands et les plus touchants exemples d'édification dans la fréquentation des sacrements, et l'on pouvoit ainsi passer l'âge des périls dans de pieuses habitudes, c'est-à-dire dans le vrai bonheur.

Il est évident, me disois-je intérieurement en contemplant M. Lacordaire, que M. Riambourg m'envoie un congréganiste ; ces mots , *il ne s'agit plus que de lui donner une bonne direction à Paris,* me confirmoient dans ma pensée ; mais comme ils ne parloient pas explicitement de la congrégation, je voulus en avoir tout d'abord le cœur net, et je dis au jeune candidat (jamais l'expression ne m'avoit paru plus juste !) : « Si je comprends bien cette phrase de la lettre, il s'agit, ce me semble, de vous indiquer un bon directeur, un bon confesseur. » Et tout à coup je vois la figure de celui que je croyois un ange de piété, se colorer d'une vive surprise, et il me répond avec une douce ingénuité : « Un confesseur à moi ! oh ! non ! je ne vais pas à confesse, et la raison en est que je ne crois pas. Si j'avois le bonheur de croire j'irois à confesse ; mais je ne dois pas y aller, puisque je ne crois pas. » Il y avoit dans le ton de ces paroles, bien qu'elles me fissent retirer aussitôt ma proposition, je ne sais quel charme indéfinissable de franchise et de loyauté ; aussi je n'eus pas un seul instant la pensée de refuser la collaboration d'un jeune homme si sincère et si bien recommandé d'ailleurs. La lumière viendra sans doute, me dis-je, et je ne dois pas désespérer d'un ami de M. Riambourg, de M. Riambourg l'austérité et la vertu même.

Je repris donc ainsi : « Cela nous empêchera-t-il de travailler ensemble ? — Oh ! non, Monsieur. »

Et pendant environ dix-huit mois, M. Lacordaire justifia tout ce qu'on avoit pu dire de sa haute intelligence, de sa belle imagination, et aussi de la candeur de son caractère et de ses mœurs. Les mémoires et les consultations qu'il rédigeoit, et dont j'ai conservé quelques manuscrits, portoient toujours l'empreinte d'un beau talent.

Plus M. Lacordaire m'avoit montré de franchise dans l'aveu de son incrédulité, plus j'étois réservé avec lui sur tout ce qui touchoit à la religion. Je ne crois pas qu'il me soit arrivé de le provoquer une seule fois à quelque discussion théologique. C'étoit toujours lui qui, de son propre mouvement, me présentoit des questions auxquelles je répondois plutôt avec la foi du cœur qu'avec les arguments de la science. Je ne me rappelle bien que deux ou trois conversations sur de pareils sujets, dans les belles soirées de l'été de 1823. M. Lacordaire avoit une admirable manière de discuter, il s'oublioit tout à fait lui-même pour chercher la vérité seule. C'est que la pureté de sa vie ne lui donnoit aucun intérêt contraire. Souvent il gardoit le silence sur les réponses faites à ses objections; et sans y acquiescer d'abord, il en emportoit sans doute le souvenir pour les méditer dans la droiture de ses intentions. En un mot, il cherchoit la lumière de tout son cœur.

Pendant l'année judiciaire de 1822, j'étois comme absorbé par une des affaires les plus graves qui aient occupé la Cour royale de Paris. Seize audiences solennelles y furent consacrées, et je m'étois laissé tellement emporter dans la plaidoierie et dans les mémoires par mes convictions, que je fus menacé dans ma position au barreau. Heureusement j'eus moi-même des défenseurs spontanés et dans la magistrature, et dans le conseil de mon ordre. J'eus même plus tard le bonheur d'une complète justice; mais la préoccupation des grands intérêts dont j'étois chargé, et les épines sur lesquelles j'avois marché péniblement, ne m'avoient pas permis de comprendre tout à fait mon jeune collaborateur et d'user de toute son assistance. Le retentissement de cette cause avoit jeté mon nom dans le public, il me fut possible d'accepter, quoique en tremblant, la proposition de succéder à celle des charges d'avocats à la Cour de cassation et aux Conseils, qui étoit alors sans contredit la plus considérable, et M. Lacordaire voulut bien me suivre dans cette nouvelle carrière. Les hautes questions de droit se traitent devant cette juridiction suprême, à peu près comme les questions législatives dans les Chambres, et le barreau de la Cour de cassation pourroit être nommé la tribune de la jurisprudence. L'éloquence de M. Lacordaire s'adaptoit encore mieux à ce genre de discussion élevée qu'à de simples questions de fait (1) ; il n'avoit pas vingt-deux ans, et nonobstant l'ordonnance du 20 novembre 1822, révoquée depuis, il plaida sans que les magistrats s'informassent de son âge, bien qu'il parût beaucoup plus jeune encore. Son talent étoit le passe-port de sa parole.

Nos travaux continuoient ainsi, lorsque le matin de l'un des premiers jours du mois de mai 1824, mon jeune collaborateur entre dans mon cabinet et me dit d'un ton ému : « Je vais vous quitter. — Et pourquoi donc ? nous sommes si bien ensemble ! — Aussi je ne vais pas ailleurs dans le barreau ; mais il faut que je vous l'avoue : il y a six mois que je lutte ; je crois maintenant, et je crois avec une telle conviction qu'il n'y a pas de milieu pour moi ; il faut

____

(1) Je retranche ici quelques extraits de l'un des mémoires qu'il avoit rédigés, et que je citois comme preuve de son talent.

que je me donne tout entier à Dieu ; il faut que je sois prêtre. »

En écoutant cette déclaration imprévue, j'éprouvai une sorte de tremblement. Il ne fut nullement question d'un voyage lointain, comme on l'a imprimé, mais uniquement du séminaire de Saint-Sulpice, où le jeune converti avoit de lui-même la bonne pensée d'aller recueillir la vraie science et la vraie piété ; seulement M. Lacordaire désiroit obtenir une demi-bourse, afin d'alléger autant que possible les charges de sa famille peu fortunée, et qui avoit déjà fait pour lui beaucoup de sacrifices. « Je ne sais pas, lui dis-je, comment on s'y prend pour obtenir cette faveur, mais allons voir M. l'abbé Boudot ou M. l'abbé Borderies, tous deux grands-vicaires, que j'ai l'honneur de connoître particulièrement, et ils nous diront la marche à suivre. »

Cette vocation portoit des caractères si frappants de vérité et de sainte ardeur, que j'étois comme emporté par une révélation soudaine, et je me sentis des ailes pour courir aussi vite que cet ange à l'accomplissement de son vœu ; d'ailleurs nous allions à la source des prudents conseils. Tout ce que je viens de raconter s'étoit passé en peu de minutes, et, comme je ne demeurois pas loin de Notre-Dame (1), en moins d'une demi-heure nous avions déjà vu M. l'abbé Boudot, notre compatriote, qui nous reçut avec sa bonté habituelle et nous envoya à M. l'abbé Borderies, à l'archevêché. Après les premières ouver-

(1) Place Saint-André-des-Arcs.

tures et l'entière explication de ce que je savois, et par M. Riambourg, et par moi-même, et surtout par la franchise du jeune Lacordaire, M. Borderies le prit à part, sans doute pour un examen plus complet, et il le ramena avec cette joie du bon pasteur qui rayonne au milieu des larmes. Tous ceux qui ont connu de près M. Borderies, que le diocèse de Versailles et tant d'amis, et, plus que tous, son digne successeur à l'épiscopat, pleureront longtemps encore, savent bien quel étoit son coup d'œil dans les âmes confiées à sa sollicitude. Il avoit jugé le cœur du bon Lacordaire; et aussitôt il lui dit : « Écrivez tout simplement à votre évêque la lettre que je vais vous dicter. » Et, après lui avoir fait les questions nécessaires sur son nom, son pays natal et son âge, il lui dicta en effet une lettre conçue dans les termes les plus simples pour obtenir un *acte d'excorporation*, parce que, disoit la lettre, *il obtient, des bontés de Mgr l'Archevêque de Paris, une demi-bourse au séminaire de Saint-Sulpice* (1).

(1) Aujourd'hui la renommée du grand dominicain m'invite à donner ici un nouveau détail qui me semble assez curieux pour ajouter encore à l'intérêt de cette relation.

M. Borderies présenta lui-même la feuille de papier à son jeune pénitent, qui se mit en devoir d'écrire, sous sa dictée, la lettre suivante, dont je suis certain de me rappeler à peu près tous les termes :

« A Sa Grandeur Monseigneur l'Évêque de Dijon.

« Monseigneur,

(Comment vous nommez-vous ? dit M. Borderies ; et le futur orateur de Notre-Dame répond et écrit :)

« Henri Lacordaire, (votre âge et votre pays ?) Né à Recey-sur-

L'*exeat* fut expédié peu de jours après, et M. Lacordaire entra au séminaire le 12 mai 1824, jour anniversaire de sa naissance, comme il l'avoit désiré.

Bientôt la nouvelle s'en répandit à Dijon, et l'on s'étonna que M. de Boisville eût facilement accordé l'*exeat* à un sujet si éminemment distingué ; mais Mgr l'évêque répondit qu'il ne le connoissoit pas, et que la lettre qu'il en avoit reçue n'étoit pas d'un style à rien révéler d'une pareille distinction.

La famille de M. Lacordaire fut d'abord fort affligée ; j'étois bien innocent de ses regrets, et néanmoins je ne fus pas à l'abri de quelque suspicion ; mais j'eus occasion de m'expliquer avec la pieuse mère, qui me rendit justice et trouva dans sa foi et dans son courage la force de supporter avec résignation ce grand sacrifice. Son fils lui fut rendu au sortir du séminaire, il ne la quitta plus ; mais peu d'années

« Ource, département de la Côte-d'Or, le 12 mai 1802, (M. Borde-
« ries reprend la dictée) supplie Votre Grandeur de lui accorder
« et de lui faire adresser par le retour du courrier son acte d'excor-
« poration, parce qu'il obtient des bontés de Mgr l'Archevêque de
« Paris une demi-bourse au séminaire de Saint-Sulpice.

« J'ai l'honneur d'être, etc. « HENRI LACORDAIRE. »

On comprend, à la lecture de cette lettre, ce que rapporte M. Lorain (page 20) de l'impression qu'elle avoit dû faire sur l'Évêque de Dijon : « Mgr de Boisville eut des regrets d'avoir consenti à ce qu'Henri Lacordaire sortît de son diocèse. Et comme on lui reprochoit un jour cette condescendance : *Que voulez-vous ?* répondit-il, *il m'avoit écrit une lettre si simple à laquelle il ne manquoit que des fautes d'orthographe : je l'avois pris pour le plus grand nigaud de mon diocèse.* Mgr de Tournefort, vicaire général de Dijon et depuis évêque de Limoges, s'amusoit beaucoup à conter cette anecdote.

après il eut la douleur de la perdre et la consolation de recevoir ses derniers soupirs.

Je ne dois pas entrer dans d'autres détails sur la vie de M. Lacordaire, mon récit n'en est qu'un épisode. Je dois ajouter, cependant, que plusieurs fois M. l'abbé Borderies avoit gémi devant moi sur l'entraînement avec lequel notre jeune ami avoit suivi les voies d'un prêtre insurgé; mais il espéroit son retour. Cette triste déviation avoit jeté, non pas du refroidissement, car son cœur restoit le même au milieu des erreurs de son imagination, mais beaucoup de réserve dans nos rapports, et même depuis que M. Lacordaire s'est séparé de son ancien *maître* (1), il a conservé dans un autre ordre d'idées des doctrines qui sont aussi loin d'être celles de son ancien *patron*, qu'il y a loin de l'un des défenseurs de M. de Lamennais et de l'*Avenir*, à l'un des défenseurs du comte de Kergorlay et de la *Quotidienne*.

Je l'ai retrouvé avec grand bonheur à Rome dans les vacances de 1838; j'étois là en pèlerinage avec mon fils, âgé alors de onze à douze ans. Du haut du palais Albani, où demeuroit M. Lacordaire, il voulut bien nous indiquer la circonscription de l'ancienne Rome, et la division des sept collines. « Qui nous auroit dit, il y a quinze ans, s'écria-t-il avec une douce émotion, que nous nous rencontrerions à Rome, vous avec un fils (je n'en avois point en 1823) ET MOI PRÊTRE? » — Et qui nous auroit dit tant de

____

(1) Il est aujourd'hui certain que Lacordaire n'a jamais été le disciple de Lamennais.

nouveautés bien autrement étonnantes ? Je ne l'ai pas revu depuis. La dernière parole que j'ai entendue de la bouche du saint et à jamais regrettable archevêque de Paris, m'étoit adressée à propos de M. Lacordaire : « Je l'aime beaucoup, me disoit Mgr de Quelen, *ma, la testa ! la testa !* »

Oh ! oui, le père Lacordaire ne peut avoir que des amis, même parmi ceux qui, avec une énergie égale à la vérité de leurs sentiments, lui disent librement leur pensée. Il voit assez le fond de mon âme pour n'en pas douter en ce qui me touche.

On comprendra bien maintenant les observations que je vais me permettre sur le célèbre sermon du 14 février 1841.

En tête de sa *Lettre sur le Saint-Siége*, M. l'abbé Lacordaire a publié la protestation suivante :

« Prêt à remonter dans les chaires de France avec le désir d'y évangéliser la jeunesse, je saisis l'occasion de cet écrit pour faire une déclaration publique qui importe à la sécurité et à l'honneur de mon ministère : c'est que j'ai été comme je serai toujours étranger aux comptes-rendus que les journaux religieux ont donnés et pourroient donner de mes Conférences.

« Je reconnois, le zèle, la bienveillance même de ces journaux ; mais leurs rédacteurs, hommes de bien et de bonne foi, doivent comprendre sans peine que je ne puis répondre ni à l'Église, ni au public, d'extraits plus ou moins tronqués, fournis par des sténographes dont je n'ai pas rectifié les erreurs et les omissions inévitables. Je réponds de ma parole aux évêques qui l'entendent ou à leurs délégués ; de mes écrits à tous ceux qui les lisent , mais seulement de mes écrits ; et jamais, quoi qu'il arrive, je ne m'occuperai de discussions fondées sur des pièces qui ne sont pas émanées de moi, et dont aucune loi divine, ecclésiastique ou civile, ne sauroit m'imposer le fardeau. »

De son côté, l'éditeur du *Sermon du R. P. Lacordaire, de l'ordre des Frères-Prêcheurs, prononcé à Notre-Dame de Paris, le dimanche 14 février 1841,* a décliné aussi la responsabilité rigoureuse de sa publication. « Nous n'essaierons pas, dit-il, de reproduire ce sermon. Tout entier à ce qu'il nous étoit donné de voir et d'entendre, nous n'avons pu ni sténographier, ni prendre des notes. Voici simplement ce que notre mémoire a retenu, c'est-à-dire le plan et comme le squelette de ce discours. Ceux qui ont entendu le père Lacordaire et qui savent ce qu'il y a dans son geste, dans son regard, dans son accent, dans ces expressions d'élite que lui seul peut trouver, comprendront aisément combien insuffisante, incomplète, et même parfois inexacte est notre analyse. Il ne seroit donc pas juste de faire peser sur l'orateur la responsabilité de tout ce que nous allons dire, pas plus qu'il ne faudroit nous l'imputer à nous-même ; au milieu des efforts de la mémoire, la spontanéité disparoît, alors même que la fidélité n'est pas atteinte. »

Et, au moyen de ces deux protestations corrélatives, il auroit été permis de publier, sans que personne en fût sérieusement responsable, toutes les incursions politiques et toutes les erreurs doctrinales d'un sermon annoncé comme tel, c'est-à-dire comme *prononcé* du haut de la chaire de vérité.

Non ! la quiétude du prédicateur ne sauroit être permise sur de pareilles publications, nonobstant toutes ses protestations anticipées. Et lorsque ses auditeurs y reconnoissent eux-mêmes en grande partie ce qu'ils ont entendu, comme cela arrive pour le sermon du 14 février, le désaveu est un devoir, ou la rétractation une nécessité. Aussi le clergé français a-t-il grandement gémi sur cette espèce de scandale, et mes paroles ne sont qu'un foible écho de ce gémissement.

Jetons maintenant un coup d'œil sur le sermon.

Et d'abord, quant au fond du sujet (*le patriotisme religieux*), si le R. P. Lacordaire s'étoit borné à la personnification des peuples et de la patrie, on pourroit, jusqu'à un certain point, admettre sa pensée, sauf à retrancher tout ce qui est incompatible dans la solidarité fictive qu'il établit entre toutes les époques et entre tous les membres de chaque corps de nation. M. le comte de Maistre, dans son livre *du Pape*, a considéré la France sous ce point de vue, et le père Lacordaire lui emprunte heureusement le fond du sujet, mais sans en conserver l'intégrité.

S'il se fût agi uniquement de la fraternité chrétienne, on la comprendroit encore mieux, non-seulement entre tous les habitants d'une même patrie, mais même entre tous les peuples de la catholicité, moyennant les conditions essentielles de cette parenté divine, qui auroit fait dire à l'orateur : « Les rois ne sont plus nos maîtres, ils sont nos frères, nos *cousins;* en me servant de cette expression, je les honore. »

Et c'est dans le même sens qu'il auroit ajouté : « Lorsque je pense à tout ce qu'il a fallu de travaux, de vertus, d'héroïsme, pour faire un peuple, pour qu'un peuple conservât sa vie, j'aimerois mieux me laisser couper la langue que de dire du mal d'un peuple; mais enfin, les fautes d'un peuple, tout l'univers en est témoin, nous ne pouvons pas les cacher; nous ne cherchons pas à cacher les nôtres, nous les confessons, nous pouvons parler de celles des autres.»

Le père Lacordaire prend cette précaution avant de parler de l'incrédulité née de l'hérésie. « Ce fut en Angleterre que le protestantisme la mit au jour; je dis en Angleterre, et j'en demande pardon à cette grande et puissante nation. Loin de moi de vouloir l'insulter ! Lorsque je pense à tout ce qu'il faut de travaux, etc. »

Il ne s'agit donc plus de la fraternité de la foi ; mais d'une fraternité purement sociale, purement politique entre les peuples. Autrement il y auroit confusion d'idées.

« Ce fut donc en Angleterre, poursuit le prédicateur, que l'incrédulité prit naissance ; et, chose singulière, le génie français, le génie le plus perçant, le plus lumineux, l'y alla chercher au milieu des lourdes et épaisses ténèbres où le philosophisme britannique l'avoit enfantée. La France étoit catholique;

elle marchoit à la tête des nations, et elle se mit à la suite de l'Angleterre pour devenir incrédule, et alors la France offrit au monde le spectacle d'une folie qu'il n'avoit pas encore vue. Jusque-là, quand on attaquoit la religion, on l'attaquoit sérieusement. Le dix-huitième siècle, lui, l'attaqua par le rire ; ils ne doutoient point, ils n'argumentoient point , ils ne se mettoient point en frais de faits, de raisonnements ou de preuves : ils rioient ! ils rioient ! et ce rire gratuit s'étendoit dans toutes les classes.... Et la France étoit en proie à ce délire, et c'est ainsi qu'elle apostasioit. »

Le sermon imputé au père Lacordaire avoit déjà dit, ne parlant de la Ligue : « Quand on sauve la nationalité d'un peuple, quand on lui conserve sa foi, toutes les fautes se perdent dans la gloire. »

Cette doctrine va ressortir encore de l'application qu'en fait l'orateur à nos malheureux temps, et il admet plus que de la tolérance de la part de Dieu même dans les catastrophes dont nous avons été les témoins.

Il continue ainsi : « Alors, que fit Dieu ? Ici, Messieurs, je commence à entrer dans les choses contemporaines ; il ne s'agit plus de nos pères, il s'agit de nous. Je prie Dieu de me soutenir, de me faire parler toujours chrétiennement, sagement, saintement, exactement. Silence donc ! Silence et confiance! Écoutez-moi !

« La France étoit coupable ; Dieu pouvoit la laisser périr en l'abandonnant au torrent de ses erreurs et de ses folies. Dieu eut pitié d'elle, il la châtia, il voulut la relever par une grande et magnifique expiation (1). Et comme toutes les classes avoient participé au crime, toutes les classes eurent leur part dans le châtiment réparateur. La royauté étoit avilie, Dieu lui rendit sa majesté, il la releva sur l'échafaud. La noblesse étoit avilie, Dieu lui rendit sa dignité, il la releva dans l'exil. Le clergé étoit avili, Dieu lui rendit le respect et l'admiration des peuples, il le releva dans les bagnes, au bord des fleuves lointains, sous la hache des bourreaux. La fortune militaire de la France étoit avilie, Dieu lui rendit la gloire, il la releva sur les champs de bataille, et par un de ces hommes tels que l'humanité n'en avoit vu jusque-là que trois. L'incrédulité avoit trouvé aussi le moyen d'avilir la Papauté aux yeux des peuples ; Dieu lui rendit sa divine auréole ; il voulut que le successeur d'Alexandre, de César, de Charlemagne, que Napoléon la glorifiât. Un jour les portes de cette basilique s'ouvrirent, et l'on vit entrer, entouré de ses généraux, suivi de ses soldats, le grand capitaine. Que vient-il faire ici ? Il entre, il traverse lentement cette nef, il monte vers le sanctuaire. Où va-t-il ? Il va à l'autel, et arrivé là, il plie le genou devant ce vieillard, lui demandant de mettre et de consacrer sur sa tête la couronne ramassée de ses mains sur les champs de bataille. Il avoit compris, et je l'en remercie, et la pos-

(1) M. de Lamennais a dit : « Dieu eut pitié de la France: il ouvrit les trésors de sa miséricorde, et il en fit sortir la révolution. » *(Affaires de Rome.)*

térité l'en remerciera chaque jour davantage, il avoit compris que, malgré toutes les apparences, la France étoit encore catholique, et que quelques années n'avoient pu suffire à détruire en elle l'œuvre de quatorze siècles. Et c'est là vraiment la gloire des grands hommes de ne pas s'arrêter à la superficie des choses, mais d'aller au fond en surprendre l'intime réalité. Et c'est là vraiment l'art de gouverner les peuples, de ne pas perdre sa force à caresser ou à neutraliser par de vains palliatifs leurs mauvais penchants, mais de leur révéler leurs secrets instincts, ce qu'il y a de bon et de grand en eux, et de leur montrer qu'ils sont meilleurs qu'ils ne le croient, afin de les rendre meilleurs encore.

« Voilà donc ce que Dieu fit pour la France ; il releva tout ce qu'elle avoit abattu ; il environna de la majesté du malheur et de l'expiation tout ce qu'elle avoit avili ; il lui donna un grand homme, et il voulut que ce grand homme vînt un jour incliner sa gloire devant le chef de l'Église et protester ainsi solennellement qu'il reconnoissoit la royauté spirituelle, la souveraine royauté du Christ dans la personne de son vicaire.

« Eh bien ! je dis que lorsque Dieu fait cela pour un peuple, ce peuple est pardonné, que Dieu l'aime. Et toutefois, ce n'étoit pas assez. La royauté étoit frappée, la noblesse étoit frappée, les hautes classes étoient frappées, le peuple étoit frappé aussi, et purifié et glorifié. Il avoit arrosé de son sang tant de champs de bataille ! mais une classe, entre toutes, sembloit oubliée : La bourgeoisie. Qu'a fait Dieu pour elle ?

« Et ici, Messieurs, je le dis : je ne cherche point la popularité. La popularité ! plutôt que de la chercher je m'arracherois les entrailles ; je n'en veux d'autre que la popularité éternelle de la vérité. Écoutez donc saintement ce que je dis saintement. Ministre de Dieu, je parle sans rien craindre et sans rien attendre ; si je l'oubliois, j'en serois averti par ce froc que je porte.

« La bourgeoisie, c'est nous tous : c'est une classe immense, qui, par un bout, touche au peuple, et qui, par l'autre bout, touche à la noblesse dont ses membres d'élite vont sans cesse combler les vides ; car ce qui est distingué va toujours là où est la distinction. Cette classe, comment Dieu l'a-t-il traitée ? Il lui a dit : Tu veux régner, règne ! Tu apprendras ce qu'il en coûte de gouverner les hommes, et tu verras s'il est possible de gouverner sans le Christ. Et le pouvoir a été donné à la bourgeoisie, et nous pouvons lui dire aujourd'hui, à la face du monde, ce qu'on ne disoit autrefois aux rois que dans les profondeurs de Saint-Denis : *Et nunc, reges, intelligite ; erudimini, qui judicatis terram.* Maintenant, rois, ayez l'intelligence ; soyez instruits, vous qui jugez la terre. La bourgeoisie a voulu régner, elle règne, et je puis le prédire, car je le sais, je le vois, elle profitera de la leçon ; elle comprendra, elle sera instruite, et il lui faudra reconnoître que c'est un fardeau trop lourd que le pouvoir, pour que l'homme, ou les hommes, quels qu'ils soient, puissent le porter seuls ; qu'ils ont besoin pour cela de l'aide de Dieu, parce que ce fardeau est vraiment quelque chose de divin, parce qu'il est vraiment imposé d'en haut. Oui , la bourgeoisie comprendra ces choses ; je l'ajourne à cinquante ans, et Dieu abrégera le terme.

« Voilà donc, encore une fois, ce que Dieu a fait pour la France, et, je ne saurois trop le redire, quand Dieu fait cela pour un peuple, c'est que sa justice ne l'a pas condamné, c'est que sa miséricorde a fait grâce. Et voyez ; la papauté et la France se réconcilient, se rapprochent, et cette union deviendra de jour en jour plus intime. Quoi que la France ait dit, ait fait, Rome ne prononce son nom qu'avec amour, qu'avec reconnoissance. Rome aime la France ; sa sollicitude veille sans cesse sur elle ; elle la tient dans ses bras comme une mère son enfant : la France est toujours pour Rome sa fille aînée. »

Simple fidèle, je viens de transcrire de ma main ces pages publiées sous le nom du R. P. Lacordaire; et je sens qu'il m'a fallu du courage, et pourtant j'aime ma patrie, j'aime le prédicateur, mais j'aime par-dessus tout la vérité. Et ici, pour commencer par où se termine cette citation : Qu'est-ce que Rome aime dans la France? Certainement elle aime ses fidèles enfants, et même ses enfants égarés. Mais n'y a-t-il pas beaucoup à expliquer et beaucoup à sous-entendre dans cet amour et surtout dans cet amour de *reconnoissance?* Oh ! non, il ne faut pas mêler Rome à toutes nos misères; il ne faut pas lui demander, en face des autels, une consécration des révoltes passées et des révoltes futures, en l'associant aux ambitions de ce qu'on ose appeler la bourgeoisie reine, et reine par la grâce de Dieu ! Une pareille doctrine va non-seulement à la ruine d'une ancienne royauté, mais encore au renversement des autres royautés. Sans doute nous ne sommes pas chargés de plaider la cause de toutes les puissances tombées, de toutes celles qui s'élèvent, de toutes celles qui peuvent se relever ; mais évidemment le sermon prêche ici le triomphe des rebelles, et il le prêche en mettant presque tout sur le compte de Dieu même, en lui faisant dire à la bourgeoisie : Tu veux régner, règne ! et le pouvoir a été donné a la bourgeoisie ; et la bourgeoisie règne toujours, et elle règnera pour le moins cinquante ans encore, suivant la promesse du R. P. Lacordaire ; et, avant ce terme, elle comprendra divinement son divin fardeau ; et peut-être même en restera-t-elle alors exclusivement et à tout jamais chargée, comme plus digne de le porter que toutes les races royales. Oui, d'après le sermon, c'est à cette majesté, et non plus à celle des rois du Louvre et de Saint-Denis, que la parole prophétique doit être consacrée : *Et nunc, reges, intelligite ; erudimini, qui judicatis terram.*

Rome n'est pas aussi pressée que veut bien le dire notre orateur d'adopter irrévocablement le fait mis à la place du droit (1) ; et il convient de transcrire ici, comme la meilleure de toutes les réponses, les termes

(1 *L'Ami de la Religion*, dans son N° du 15 juillet 1841, fait une déclaration qu'il n'est pas inutile de consigner ici : « Pour la

suivants de la constitution *Sollicitudo ecclesiarum*, du 5 août 1831, émanée de S. S. Grégoire XVI :

« Si telles ont été toujours la coutume et la règle du Siége apostolique de veiller partout, sous les conditions ci-dessus, à la sage administration des choses spirituelles, sans que pour cela il soit censé avoir rien statué sur la connoissance et la fixation du droit des princes, nous devions à plus forte raison suivre cette règle aujourd'hui, au milieu de l'extrême mobilité des affaires publiques et parmi tant de fréquents changements, de peur de paroître abandonner en quelque sorte la cause de l'Église par des motifs humains. C'est pourquoi... nous déclarons pour l'avenir que si, afin de régler les intérêts spirituels des Églises ou des Fidèles, quelqu'un a été qualifié et honoré par nous ou par nos successeurs d'une dignité quelconque et même de la dignité royale, par parole, par constitution, par lettres, ou par ambassadeurs envoyés de part et d'autre, ou de quelque autre manière qui reconnoisse en lui cette dignité; que s'il arrive de traiter ou de régler quelque chose, pour les mêmes motifs, avec ceux qui sont à la tête des affaires dans quelque gouvernement que ce soit, aucun droit ne leur est attribué ni acquis par ces actes, réglements et conventions, et qu'on ne peut

troisième fois, l'*Espérance* et l'*Univers* affirment que le souverain Pontife a approuvé le discours prononcé à Notre-Dame par le père Lacordaire. Pour la troisième et dernière fois, nous déclarons que cette assertion est complétement inexacte. Un triple désaveu doit suffire. »

en tirer aucune preuve contre les droits et priviléges des autres, ni en induire quelque perte ou changement à leur préjudice. »

L'admiration du R. P. Lacordaire, pour Napoléon Bonaparte, trouve aussi, comme sa tendresse pour la royale bourgeoisie, sa condamnation dans les actes du Saint-Siége. Aussi la bulle d'excommunication du 10 juin 1809 ne laisse aucune excuse aux phrases du sermon qui représentoient le grand capitaine comme un glorificateur de la papauté et comme un présent de la Providence. On peut y joindre la leçon VIe de l'office célébré à Rome, le 24 mai, *in festo B. Mariæ Virginis, titulo auxilium Christianorum,* laquelle est tirée d'un rescrit du Souverain Pontife, du 8 janvier 1822, où la longue persécution exercée par Bonaparte contre Pie VII, pour le mettre dans l'impuissance de gouverner l'Église, est considérée comme un exemple *inouï dans les Annales de l'Histoire* (1).

Enfin on peut consulter encore les *Mémoires du cardinal Pacca,* et *la Vie de Pie VII* par M. le chevalier Artaud, sur les détails de l'enlèvement et de la captivité de ce saint Pontife, pour bien comprendre

______

(1) « Sed illud in primis memorabile est atque explorati miraculi loco habendum, quod cum romanus pontifex Pius VII, impiorum consiliis et armis ex apostolica Petri sede deturbatus, et arcta custodia, præsertim Savonæ per annos quinque, eoque amplius, fuisset detentus, viis omnibus interclusis ne Dei Ecclesiam regere posset, nullo similis persecutionis exemplo, inopinato et præter omnium expectationem contigit ut ingenti plausu, ac veluti universi orbis manibus, pontificio solio restitueretur.

la déplorable inspiration du R. P. Lacordaire, dans cette partie de son discours (1).

Prenez garde! disent les apologistes du sermon, le père Lacordaire ne voyoit et ne vouloit voir en ce moment qu'une belle page de la vie de Napoléon Bonaparte, que l'hommage rendu à l'Église devant laquelle il plioit le genou. Lisez la lettre sur le Saint-Siége, et vous y trouverez une autre appréciation du grand capitaine par le même orateur. La voici : « Il plut à la Providence, pour humilier le monde, de rassembler dans un seul homme tout ce que le génie d'un siècle peut faire, et de montrer dans la Papauté sans défense, représentée par un vieillard d'une capacité commune, la supériorité de la foi sur l'intelligence, et la foiblesse des projets personnels comparée à l'accomplissement simple et soumis des projets divins notifiés par la tradition. On sentoit dans Pie VII l'homme qui ne peut pas; qui voudroit compatir au génie manifesté par la victoire, mais qui trouve dans sa conscience un obstacle invincible à son penchant. Son adversaire croyoit à son épée; il étoit inexorable autant que maître. On sait que la

____

(1) Si le R. P. Lacordaire désire encore une autorité imposante, qu'il consulte la célèbre lettre à l'évêque de Landaff, dont l'auteur (Louis-Philippe) a dit, au sujet du meurtre du duc d'Enghien : « L'usurpateur, certes, ne sera jamais tranquille tant qu'il n'aura pas effacé notre famille de la liste des vivants. » — Et une autre lettre de la même main, adressée de Palerme, en février 1814, à Louis XVIII, où on lit ces phrases : « Est-il possible que l'étoile du monstre qui accable la France pâlisse à son tour ? Que je suis heureux du succès de la coalition ! Il est temps qu'on achève la ruine des révolutions et des révolutionnaires. »

cendre de Pie VII repose sous le dôme de Saint-Pierre, et celle de Napoléon sur un rocher de l'Atlantique : c'étoit un de ces moments où le temps se rencontre avec l'éternité. »

Voilà donc, ajoute-t-on, l'opinion complète de l'auteur du sermon sur le compte de Napoléon Bonaparte.

Eh bien ! cette même lettre ne condamne encore le persécuteur que par forme d'adulation : sa tyrannie est réduite en *projets personnels ;* son entreprise sacrilége est transformée en *génie manifesté par la victoire ;* et c'est sa *foi en son épée* qui le rendoit *inexorable autant que maître.*

C'est ainsi que l'imagination prend la place de la raison, et l'on se croit innocent de toute recherche de popularité. Il y a sans doute une sorte de bonne foi dans cette marche oratoire, et Dieu me garde d'accuser l'intime conscience d'un ami ! Mais l'éloquence chrétienne peut-elle ainsi mitiger sa parole ? Une persécution *inouïe* dans les annales de l'Église ne doit-elle être qualifiée qu'avec un enthousiasme exclusif de l'indignation ? Et le prêtre, au lieu de juger les hommes du haut du ciel où sa mission le place, est-il donc forcé d'en descendre, pour ne les regarder que de bas en haut ? Et parce que la démence d'une époque se prosterne devant la mémoire, tout ensanglantée pourtant, d'un dévorateur de générations, faut-il que la majesté du saint ministère soit, pour ainsi dire, obligée de marcher à la remorque ? Et voyez les suites ! Peu de temps s'écoule entre la lettre sur le Saint-Siége et le sermon du 14 février 1841, et déjà *la cendre de Napoléon* n'est plus *sur le rocher de l'Atlantique ;* et alors la parole du même orateur s'en est comme ressentie. Avec elle Napoléon n'est plus seulement le *génie manifesté par la vietoire,* c'est un *grand homme que Dieu a donné à la France !* c'est un présent de sa providence et de son amour ! Lisez encore le sermon, et jugez ! Donc recherche au moins involontaire, mais bien réelle, de la popularité ; et c'est ce qui ne sera jamais tolérable dans un prêtre. Je dois le dire dans cette doléance qui, pour être franche, n'en est pas moins amicale.

Au surplus, il faut se prêter bien bénévolement aux apparences, pour croire que Bonaparte, quand il a fait relever les autels, et même quand il a demandé l'onction sacrée, avoit au fond du cœur tous les sentiments dont se décoroit son ambition ; on peut même le dire : le souverain Pontife fut bien plus contristé que glorifié par le sacre du 2 décembre 1804, et plus tard, les gémissements du martyr ont tout expliqué.

Voici un extrait de la bulle d'excommunication insérée dans les Mémoires du cardinal Pacca.

«.... Dieu Tout-Puissant ! dit le souverain Pontife, combien nos espérances ont été trompées ! Quels ont été les fruits de tant d'indulgence, de tant de libéralité de notre part ? Dès la promulgation du concordat, nous avons été forcé de nous écrier avec le prophète : *Voilà que dans la paix je trouve mon affliction la plus amère !* Et certes nous n'avons point dissimulé cette affliction amère, lorsque dans l'allocution prononcée en consistoire, le 24 mai 1802, nous déclarâmes à l'Église et à nos frères les cardinaux, qu'en proclamant le concordat on y avoit ajouté plusieurs articles dont nous n'avions pas la moindre connoissance et contre lesquels nous avions sur-le-champ protesté. En effet, ces articles non-seulement ôtent au culte catholique, dans l'exercice de ses principales et plus imposantes fonctions, une liberté qui, dès le commencement des négociations, avoit été déclarée et solennellement jurée comme la base et le fondement du concordat, mais encore quelques-uns attaquent, de front, même la doctrine de l'Évangile.......

« Oui ! la postérité saura quelles ont été nos peines et notre sollicitude ; combien par nos actions, par nos prières, nos supplications, nous avons fait de continuels efforts pour guérir les plaies faites à l'Église, et combien nous avons imploré le Ciel pour qu'elle n'en reçût pas de nouvelles. Mais en vain nous avons épuisé toutes les ressources que nous ont suggérées l'humilité, la modération et la douceur ; en vain jusqu'à présent nous avons essayé de défendre les droits et les intérêts de l'Église, auprès de celui qui avoit formé avec les impies le complot de la détruire entièrement ; de celui qui n'avoit fait un pacte d'amitié avec elle que pour la mieux trahir, qui n'avoit feint de devenir son protecteur que pour l'opprimer plus sûrement. Longtemps et plus d'une fois on nous donna les plus flatteuses espérances, afin de déterminer notre voyage en France ; ensuite on commença à éluder nos déclarations par des détours adroits, des subterfuges et des réponses astucieuses qui nous étoient faites, soit pour nous tromper, soit pour traîner les discussions en longueur ; enfin, n'ayant plus aucun égard à nos observations, à mesure que le temps approchoit d'accomplir les projets tramés contre le Saint-Siége et l'Église de Jésus-Christ, on a pris le parti de nous éprouver, de nous fatiguer par des demandes toujours nouvelles et surtout toujours indiscrètes ou captieuses ; demandes dont la nature prouvoit assez que l'on vouloit nous placer dans l'alternative, ou de trahir honteusement notre ministère, par une adhésion, ou de fournir par un refus un prétexte à une guerre ouverte contre nous : deux choses également funestes à l'Église et à notre siége apostolique.

« Comme nous n'avons pu consentir à ce qu'on nous demandoit, parce que notre conscience s'y opposoit, de là un motif pour envoyer des troupes dans cette ville sainte, traitée en ville ennemie ; pour s'emparer du château Saint-Ange, placer des corps de garde dans les rues et les places, pour investir d'infanterie et de cavalerie le palais Quirinal que nous habitons, et braquer des canons contre notre appartement. Pour nous, rassuré par ce Dieu en qui nous pouvons tout, soutenu par la conviction de nos devoirs, nous ne fûmes ni intimidé, ni troublé par cet appareil menaçant, et conservant, comme il convenoit, notre âme calme et tranquille, nous célébrâmes les divins mystères..........

« Cependant les usurpateurs, ne gagnant rien par les menaces, résolurent d'employer une autre manœuvre contre nous ; ils essayèrent, par un genre de persécution plus lent, plus pénible et par conséquent plus cruel, d'affoiblir insensiblement notre courage qu'ils n'avoient pu ébranler par une terreur soudaine. Aussi, depuis le 2 février, époque de notre captivité dans ce palais, à peine s'est-il écoulé un seul jour qui n'ait été marqué par quelque nouvel outrage contre le Saint-Siége, ou par quelque chagrin à dévorer au fond de notre cœur.....

« Malgré nos réclamations, on se mit à imprimer à Rome, à faire circuler parmi le peuple, à répandre dans l'étranger, des journaux ou feuilles périodiques remplis de temps à autre d'invectives, de reproches et de calomnies contre la puissance et la dignité pontificales. Plusieurs de nos déclarations de la plus haute importance, signées ou de notre main ou de celle de notre ministre, et affichées par notre ordre dans les lieux accoutumés, ont été arrachées, lacérées et foulées aux pieds par une vile horde de satellites, au milieu de l'indignation et des gémissements de tous les gens de bien. Une jeunesse sans expérience, des citoyens de toutes les classes, séduits ou entraînés, ont été agrégés à des assemblées suspectes, sévèrement prohibées par les lois civiles et ecclésiastiques, et même sous peine d'anathème par nos prédécesseurs Clément XII et Benoît XIV. Nos ministres et la plupart de nos officiers, soit à Rome, soit dans les provinces, hommes recommandables par leur intégrité et leur fidélité, ont été tourmentés, incarcérés, déportés dans des pays lointains; on a fait avec violence perquisition des papiers et écrits de toute espèce dans les bureaux des magistrats du Saint-Siége, sans excepter le cabinet et le porte-feuille de notre premier ministre. Trois fois nous avons remplacé notre premier ministre secrétaire d'État, trois fois il a été enlevé de notre palais; enfin la plus grande partie des cardinaux de la sainte Église romaine, qui restoient près de nous comme nos coopérateurs, ont été, à main armée, arrachés de notre sein pour être exilés.

« Tous ces attentats et nombre d'autres commis avec une audace effrénée par les usurpateurs, contre les lois divines et humaines, sont trop connus du public pour qu'il soit besoin de nous arrêter à les énumérer et les détailler. Nous n'avons pas manqué à chaque fois de faire entendre nos plaintes avec force et courage, selon les obligations de notre ministère, pour ne pas paroître conniver à ces désordres, ou les autoriser en quelque manière. Ainsi, déjà dépouillé de presque tous les attributs de notre dignité, privé du soutien de notre autorité, dépourvu de tout secours pour remplir l'étendue de notre ministère et surtout pour partager notre sollicitude entre toutes les églises; enfin, fatigué, tourmenté, accablé par toutes sortes d'outrages, de terreurs et de chagrins; entravé chaque jour dans l'exercice de notre double puissance temporelle et spirituelle, si nous en avons encore conservé jusqu'à ce moment quelque ombre, quelque apparence, nous le devons, après le Dieu tout-puissant dont la providence nous a donné tant de marques de protection, nous le devons à notre fermeté, à la prudence de nos officiers qui sont encore en place, à la fidélité de nos sujets, et enfin à la piété des fidèles..... »

Tels sont les principaux motifs de cette bulle qui, dans la fulmination, déclare que les auteurs et les complices de tous les attentats commis contre Pie VII et contre le Saint-Siége *ont encouru* l'excommunication majeure, *et autres censures et peines ecclésiastiques portées par les saints canons et constitutions apostoliques, par les décrets des conciles généraux, et notamment du saint concile de Trente;* et au besoin, ajoute la bulle, nous les excommunions et anathématisons *de nouveau*, etc.

Enfin le Pape fut enlevé par les sbires de Bonaparte comme son prisonnier, il ne fut délivré qu'en 1814, au moment où le despote entendit sonner l'heure de sa chute et de sa propre captivité.

Comment le père Lacordaire, voulant juger Bonaparte dans ses rapports avec la Papauté, n'a-t-il pas eu sous les yeux ce document irréfragable? Comment du moins, avec le souvenir qu'il devoit en avoir, a-t-il pu laisser échapper l'énorme applaudissement qu'il donne à Bonaparte en face des autels? et cela, sans retour sur ce qui a suivi le malheureux sacre, sans aucune parole d'indignation, sans aucun signe de regrets, sans aucun des gémissements de l'Église!

Non, le père Lacordaire ne s'est pas rendu compte

du sentiment qui l'a poussé à cette immolation des souvenirs de Rome et des droits de la France catholique. L'idole abattue par la main de la Providence et relevée dans une coupable ovation, et aussi toutes les idoles nouvelles avec leur éclat usurpé ont fasciné ses regards. Sa droiture doit en faire l'aveu, en condamnant les dangereux amis qui se font encore les apologistes de son malheureux discours.

Je me tromperois bien si je ne jugeois pas son cœur au niveau du cœur de Fénelon, pour la sincérité. Quel triomphe il remporteroit, s'il donnoit aussi à l'univers l'exemple d'une glorieuse rétractation !

Les erreurs manifestes, même quand elles n'attaquent pas directement et, comme à bout portant, des articles de foi, sont toujours déplorables ; elles nécessitent une réparation avec toute la publicité qu'elles ont elles-mêmes.

Il n'y a pas ici de transaction possible. Le sermon du 14 février 1841 a été recueilli dans les archives d'une religion nouvelle, et nonobstant les protestations anticipées de son auteur, ce document est gardé pour être proposé comme un spécimen de doctrine, et dans l'Église, et dans l'État.

Ou le silence du père Lacordaire le sanctionnera pour le scandale, ou son désaveu le démolira pour l'édification ; il n'y a point de milieu.

Ce n'est pas la foible voix d'un simple laïque, mais ce sont de grandes vérités, à la portée de tous les fidèles, et dont je me borne à rappeler la mémoire, qui doivent offrir à l'humilité du cœur droit la couronne seule digne de lui.

Il est plus que temps de mettre des bornes à la glorification des grandes iniquités politiques. La chaire chrétienne n'auroit jamais dû en être affligée. Laissez aux fidèles leur résignation et ne troublez pas le silence de leurs larmes.

DOLÉANCE AMICALE

AU R. P. LACORDAIRE

O toi qui des champions de la justice humaine
   Avec moi bravois les hasards,
Puis, heureux déserteur de cette triste arène,
Soudain cours t'enrôler sous les saints étendards ;
Toi dont le cœur, pour tous, devient un cœur de père,
Jadis tu fus mon fils plus encor que mon frère...
   Ainsi, dans ce vieux souvenir,
Librement, devant Dieu je dois t'entretenir.

Du sein de Rome un jour ta charité s'élance,
    Portant, comme un manteau de roi,
Ce froc d'où tu voudrois secouer sur la France
Les glorieux rayons de son antique foi...
Tiens-tu donc ton flambeau d'une main ferme et sûre?
Et ne gardes-tu point quelque part la blessure
    de ce superbe novateur
Que ton âme candide avoit pris pour tuteur?

Si dans la liberté de ta vive parole,
    Tu pleures le prêtre égaré,
N'as-tu pas réservé quelque encens pour l'idole?
Et l'accent de ta voix est-il toujours sacré?
Tu veux, en séparant les droits des deux puissances,
Des peuples révoltés absoudre les vengeances,
    Et, sans éclairer leurs remords,
Avec eux du triomphe entonner les accords.

Que les profanateurs des couronnes royales
    Dans l'extase écoutent ta voix !
Leurs règnes ne sont plus des règnes de scandales,
Ils sont glorifiés en face de la croix !
Ligueurs, ou fédérés, vous êtes catholiques,
Entrez dans les palais et dans les basiliques;
    La foi suffit : les saintes eaux
Ont lavé tout le sang qui couvroit les bourreaux.

« *Les fautes*, as-tu dit, *se perdent dans la gloire !* »
     Et ces fautes sont des forfaits !
Orateur généreux, est-ce toi qu'il faut croire
Avant la loi de Dieu qui ne faillit jamais ?
Non ! ces taches de sang, la gloire et ses fumées
Ne les effacent point au bruit des renommées !...
     Et malgré son doux abandon,
Ta parole elle-même a besoin d'un pardon.

Dans un usurpateur elle vante nn grand homme,
     Magnifique présent des cieux !
Usurpateur en France, usurpateur à Rome,
Il n'est pas moins chrétien, moins grand, moins glorieux ;
Et dans ton oraison, rival de Charlemagne,
Rival de saint Louis, fier, il les accompagne,
     Sous ton égide, en chevalier
Du Pontife Romain dont il fut le geôlier !

Tu le prétends encor : toute la tribu sainte
     A vu ses prêtres avilis !
Il fallut, dans leur sang, d'une splendeur éteinte
retrouver les rayons, et laver leurs surplis....
Et ton grand capitaine, ainsi qu'un nouveau Mage,
Vint y porter, dis-tu, l'éclat de son hommage...
     Mais sache donc du Vatican
Quel ordre ont accompli les sbires d'un tyran !

A l'autel du Très-Haut il s'adoroit lui-même,
Lorsqu'un jour, daignant s'y courber,
Il reçut l'huile sainte au front où l'anathème,
Des mains qui le sacroient, devoit bientôt tomber.
Et l'auguste captif n'a-t-il pas dit : « J'expie
La force que donna ma foiblesse à l'impie...
Mais, soudain, jusque dans les fers,
La foudre vengeresse éclaira l'univers.

Sous ton héros, le sang couloit comme les fleuves,
Au gré de ses ambitions...
J'entends encor hurler les mères et les veuves...
Et l'on a pu compter les morts par millions !...
Et voilà donc la gloire !... Et toi, tu l'as parée
Du formidable honneur de la chaire sacrée !
O mon Dieu ! là comme à l'autel,
Un prêtre est toujours homme, homme foible et mortel.

Et vous, soyez bénis, Princes de nos églises,
De la foi, dans son unité,
Vénérables gardiens ! vos célestes assises
Maintiennent sa puissance et son intégrité.
Mille fois l'hérésie a changé de symbole ;
Mais, debout, l'Évangile, éternelle parole,
Résiste à des flots d'ennemis,
Comme à tous les écarts de ses fougueux amis.

Jamais, jamais le temple, asile pacifique,
    Pas même au froc dominicain
N'ouvrira dans sa nef l'arène politique
Ou du légitimiste, ou du républicain.
Toi surtout qui voulois poser une barrière
Entre l'œuvre sacrée et l'œuvre séculière,
    Comment, dans tes nouveaux transports,
De l'une et l'autre rive as-tu croisé les bords ?

Tu venois caresser un masque populaire...
    Mais à l'instant où ta candeur
En face des autels a juré le contraire,
L'erreur devant tes yeux cachoit sa profondeur.
Si tu veux l'extirper du fond de tes entrailles,
Ne charge pas tes mains des pieuses tenailles
    Dont parloient tes cruels sermens :
Tu sais que la loi sainte a d'autres instrumens.

En vain tu veux trouver même corps et même âme
    Au flot roulant des nations :
De vice et de vertu, non, non, point d'amalgame !
Que la vérité reste à nos affections !
Il nous faut une gloire, honneur de la patrie,
Gloire chevaleresque, et non gloire flétrie ;
    Et la foi, ce flambeau des mœurs,
Doit distinguer les temps, et, plus encor, les cœurs.

« Dire du mal d'un peuple , exclamoit ta harangue ,
       Oh ! non, grand Dieu ! mille fois non !
Je me condamnerois à me couper la langue ! »
Et ce beau mouvement saluoit Albion.
Puis, oubliant bientôt ton imminent supplice,
A ce peuple coupable, à la France complice,
       Tu dis : « Vous êtes apostats !
Et la clarté du jour luit sur vos attentats. »

Ici, c'est pour le Christ que ton ardeur s'exhale.
       Mais, dans la catholicité,
A nos dogmes toujours s'attache la morale,
Comme aux murs le ciment de leur solidité :
Et je ne comprends plus ta parole hautaine
Exaltant à plaisir l'ère contemporaine,
       Et nous faisant *cousins des rois* ,
Sans nous laisser du moins la liberté du choix.

Adoptons dans Clovis sa victoire divine ;
       De ses forfaits n'adoptons rien !
Célébrons Charlemagne, et non son origine :
Le règne de son père étoit trop près du sien.
Saint Louis tout entier appartient à nos temples.
Aimons le bon Henri, moins ses impurs exemples...
       De ta royale parenté,
Tu le vois, mon ami, tout n'est point accepté.

Elle a son libre champ, cette large revue :
　　Chaque prince doit s'y ranger ;
Et, dans le voisinage où leur place est prévue,
Tous les intrus pourront se voir et se juger.
Aussi ma seule tâche étoit de te répondre.
Tu m'as fait parcourir Rome, et Paris, et Londre,
　　Et le vol de Napoléon !
C'est assez voyager sur l'aile d'un sermon.

O mon fils ! souffre donc une douce ironie ;
　　Car mon acier, loin de ton cœur,
N'a voulu que blesser l'erreur de ton génie ;
Et Dieu seul, entre nous, Dieu seul reste vainqueur.
Médite au fond du cloître, en sa sainte présence,
L'esprit de cette chaire où tu criois : « Silence,
　　« Silence ! écoutez-moi ! »
Et n'y remonte plus en tribun, mais en roi.

(Avril 1841.)

La pièce de vers qu'on vient de lire se trouvoit
précédée, dans le même volume, d'une *allocution de
Napoléon Bonaparte à son cortége funèbre*. C'étoit là
comme deux doléances qui se commentoient l'une
l'autre. Aussi, avant de faire connoître la mémorable
réponse du père Lacordaire, qui a dû les méditer
dans leur ensemble, il faut les réunir encore ici.

Sans changer un seul mot au texte suivant, qui
étoit alors à la seconde édition, je dois, pour plus de
clarté, rappeler deux ou trois souvenirs déjà loin de
nous.

A la veille de l'an 1840, les esprits superstitieux
étoient vivement préoccupés de mille vaines prédictions, plus ou moins remplies de terreurs et d'espérances.

Le gouvernement de Louis - Philippe, troublé,
comme bien d'autres imaginations, devant les restes
du redoutable mort exhumés de Sainte-Hélène, ne sut
pas même ouvrir la bouche pour expliquer nettement
et complétement sa pensée, dans cette ovation sépul-

crale : point d'oraison funèbre, point de panégyrique , point de discours officiel ! Un silence glacial comme la saison accueilloit le grand *Revenant* de décembre, et les ordonnateurs du deuil avoient eu la malencontreuse audace de faire dresser, de chaque côté de l'avenue des Invalides, les statues des rois et des héros de la France, sans faire grâce non plus au grand nom de Condé.

On n'a pas oublié du reste l'état d'humiliation où la patrie étoit alors tombée ; et tout ce qui s'y rapporte dans nos paroles s'expliquera suffisamment de soi-même.

Les éléments sembloient aussi, au cours de cette même année 1840, avoir conspiré contre les peuples, surtout dans les inondations.

Rappelons enfin que l'illustre poëte, qui n'étoit pas encore celui des Girondins, avoit fait pour la solennité des funérailles transatlantiques, une cantate à grand orchestre, mais qui ne fut point exécutée.

ALLOCUTION

DE NAPOLÉON BONAPARTE

Du roc lointain de Sainte-Hélène
Mon cadavre n'est pas conduit
Jusques aux rives de la Seine,
Pour se repaître d'un vain bruit ;
Et, sous les flots de l'épouvante,
Les nombreux germes déposés
Dans les sillons de l'AN QUARANTE,
Ne sont point encore épuisés.
Une leçon plus haute est promise à la terre :
Mon linceul entr'ouvert aux yeux des nations
Se lève, affreux rideau, sur un coin du mystère
Où viennent aboutir tant de prédictions.

Laissant votre charlatanisme
A l'oripeau de mon convoi,
Vous retombez dans le mutisme,
Fiers jongleurs, en face de moi ;
Et nul n'a retrouvé la langue
Soit de l'honneur, soit de l'amour,
Pour réchauffer de sa harangue
Mes os glacés à leur retour.

Aux accueils du silence il faut que je réponde...
La sottise a voté, la peur a fait venir,
La lâcheté reçoit ; mais la vérité gronde...
A moi de la répandre ! à tous de la subir !

Je ne viens plus demander compte
De la gloire de mes drapeaux
A qui fait rouler dans la honte
La majesté de leurs lambeaux :
Cette gloire, c'est la fumée
Qui se dissipe dans la mort
Où le chef de la grande armée ,
Poussière, se couche et s'endort.

Je viens, traîné par vous en dépit de vous-mêmes,
Enfants de l'anarchie et de l'*Égalité*,
Sur la terre où mon front rêva les diadèmes,
Ensevelir l'orgueil de ma célébrité.

En m'accusant, je vous accuse !
Le scandale reste impuissant,
Et la douleur qui vous amuse
N'est qu'un mélodrame indécent.
Ni vos lugubres facéties,
Ni ce corbillard triomphal,
Ni ces pompes toutes farcies
De votre jargon théâtral,
Non ! rien de ces décors, rien de ces auréoles
Ne sauroit imposer à l'homme du cercueil ;
Car vous mentez toujours avec ou sans paroles,
Vous qui vous êtes faits les meneurs de mon deuil.

Vous glorifiez ma couronne !
Mais, si j'apparoissois vivant,
Cette fête qui l'environne
Seroit bientôt jetée au vent ;
Mille et mille voix réunies
Oseroient hasarder le vœu
De m'envoyer aux gémonies,
Ou d'enchaîner l'oncle au neveu *.
Les doux noms de *tyran* et d'*usurpateur corse*,
Sur moi, de vos Argus lanceroient les limiers,
Tandis que, dans la peur, sans consulter la force,
Les plus fiers d'entre vous s'enfuiroient les premiers.

* Louis Bonaparte, prisonnier au château de Ham.

Vous mentez donc, royal cortége !
Vous mentez même devant Dieu !
Une ovation sacrilége
Entre jusque dans le saint lieu !...
Vous mentez, peureuse Puissance,
Et la preuve en est au besoin
Autographiée à l'avance *,
Comme un religieux témoin.
Aujourd'hui, dans l'encens de la palinodie,
Vous bercez le héros que vous avez flétri ;
Ou plutôt, d'un convoi jouant la comédie,
Sous le masque des pleurs souvent vous avez ri.

J'aime mieux une franche haine
Contre mon pouvoir usurpé,
Que l'extase hypocrite et vaine
Où le peuple est encor trompé.
Le sceptre envahi par le crime
Pour l'héritier n'est point perdu :
Non ! je n'étois pas légitime !...
Il devoit être, il fut rendu.
Dans la bouche des morts ces vérités sont dures,
Mais permises : les lois, injustes en ce point,
Piéges d'iniquités, boucliers d'impostures,
Chefs-d'œuvre d'impudeur, ne m'en imposent point.

* Lettres historiques (de Louis-Philippe) où Bonaparte est qualifié *usurpateur corse, tyran, meurtrier du duc d'Enghien,
monstre,* etc.

Quoi ! vous dressez à ma rencontre
La grande figure des rois !
Mais quand l'orgueil français les montre,
Il embrasse, il venge leurs droits !
Et de quel esprit de ténèbres
Êtes-vous encor possédés,
En plaçant sur mes pas funèbres
L'image et le nom de Condés ?...
Tant mieux ! à ce triomphe il falloit des supplices !
Fauteurs du régicide, ils vous assiégent tous ;
Tous nous sommes frappés, coupables et complices,
Et poussière couchée, et poussière à genoux !

Des hauteurs de mon sarcophage
Je vois la terre et les enfers :
Ah ! si je brisois le nuage
Qui vous cache un autre univers,
Tout entière cette assemblée,
Voyant les tortures des morts,
Se prosterneroit, accablée
Sous la terreur de ses remords.
Ne sachez rien pourtant sur le sort de mon âme !
Mais la voix des tombeaux doit répandre l'effroi :
Recueillez aujourd'hui tout ce qu'elle proclame
Avant l'heure où la mort devient l'œil de la foi.

Oui ! le mensonge vous dévore :
Mensonge dans les libertés,
Dans le peuple qui les adore,
Dans les rois, dans les royautés ;
Mensonge dans l'apothéose,
Dans les drapeaux, dans les couleurs ;
Mensonge en vers, mensonge en prose,
Et dans la joie, et dans les pleurs ;
Mensonge dans la paix, dans la guerre mensonge !...
Mais, sans aller plus loin, pour jeter un coup d'œil
Aux visages souillés qui saliroient l'éponge,
Voyons quels fronts du temple osent franchir le seuil.

Cynisme des apostasies,
Te voici dans tes majestés,
Et les fières hypocrisies
Viennent s'asseoir à tes côtés !
A toi la haute présidence
Sur les grandeurs de ce concours.
Tu sais parler de Providence :
Oh ! oui ! Providence toujours !
Quand tu veux remuer, c'est elle qui te mène
Au carcan d'où tu sors flétri, mais sans rougeur ;
Et quand tu crois trôner, c'est elle qui t'enchaîne
Sur le malheureux banc où tombe un feu vengeur.

Personnages parlementaires,
Du vent qui souffle heureux jouets,
Êtes-vous plus purs, plus austères
Que mes législateurs muets?
Que pensez-vous de vos parades,
De vos miraculeux discours,
De vos longues fanfaronnades
Et de vos brusques demi-tours?...
Que pensez-vous encor de ces bavards sublimes,
Qui, d'un glaive discret armant leur oraison,
Laissent le flot impur couler sur leurs maximes,
Et caressent la coupe en montrant le poison?...

Vous avez une autre harmonie...
Oh! quels soupirs mélodieux,
Si les scandales du génie
Pouvoient jamais monter aux cieux!
Elle avorte cette cantate,
Et l'auteur a mieux dit mon fait,
Quand sa plume, brûlant stigmate,
Me *couronna de mon forfait*.
Retourne donc, Poëte, aux fossés de Vincennes,
Et quand tu reviendras, si tu peux revenir,
Si quelque feu sacré coule pur dans tes veines,
Poëte! chante alors, chante, et fais-toi bénir!

Il osoit encenser mes gloires !
En voulez-vous de vrais tableaux?
Le deuil couloit de mes victoires
Comme le fleuve aux grandes eaux.
J'en ai rassasié la terre,
Et vos bras auroient pu lancer
Un navire, arsenal de guerre,
Sur le sang que j'ai fait verser.
Moi seul j'étois le but de toutes mes conquêtes ;
Moi seul, dieu du carnage au sein de mes guerriers,
Moi seul à qui les rois, humiliant leurs têtes,
Venoient, couronne en main, baiser les étriers.

J'étois la France, et la patrie,
Et le trône, et presque l'autel !
Dans ma fatale rêverie
Je ne me croyois plus mortel.
Oubliez-vous les représailles
Dont le Ciel m'a jeté l'affront ;
Et trois cent mille funérailles
Roulant leur crêpe au même front?
Qui pourroit raconter cette implacable glace,
Et tous les flots de sang perdus pour me venger,
Qui, creusant sur l'Europe une fumante trace,
Ont deux fois dans vos murs introduit l'étranger ?

Il vous sied bien, menteurs insignes,
D'accuser ici le grand cœur
Des rois dont vous n'étiez pas dignes,
Qui seuls ont bridé le vainqueur,
Et, prenant la France blessée
Et presque morte sous ses coups,
Dans leurs bras l'avoient redressée
Autrement forte qu'avec vous.
Sa fierté se soulève à l'aspect du calice
Dont votre ignominie accepte l'impudeur,
Et d'un triste regard fixant le précipice
Elle en a mesuré toute la profondeur.

Connoissez-vous la foi punique?
Sur elle, dans toutes les mers,
Votre niaise politique
A-t-elle enfin les yeux ouverts?
Elle consent (la généreuse!)
A rendre mes os sans débat
A la faconde aventureuse.
De vos petits hommes d'État...
Moi, je t'ai bien comprise, ô nouvelle Carthage!
Quand de nos continens je te fermois l'abord;
Et tu m'as répondu sur ce rocher sauvage
Où mille fois ta main m'administroit la mort.

La mort! souvent je l'ai bénie,
Longtemps avant mon dernier jour;
Car, durant ma lente agonie,
J'étois sous l'ongle du vautour;
Et mon cœur, déplorable proie,
A peine seroit figuré
Par l'immortalité du foie
Éternellement dévoré!

Mais sans faire d'emprunt à des fables grossières,
Du haut de la montagne où Dieu sut me punir,
Nabuchodonosor du siècle des lumières,
J'inflige aux mécréants l'éclat d'un souvenir!

En revenant vers vos parages,
J'ai vu le léopard blotti
Sur le bord de toutes les plages;
L'AN QUARANTE en est investi.
Au trafic du sang et des larmes
L'Anglais joint aussi le poison,
Et toujours colporte des armes
Sur les pas de la trahison.

Et vous êtes encore épris de sa droiture!
Et, comme une caresse, agréant un soufflet,
Votre diplomatie à la triste figure
Le reçoit, et répond : « Encore un, s'il vous plaît! »

Et vous qui secourez les autres,
Dans un philanthropique élan,
Où courez-vous, puissants apôtres
Du droit divin, pour le turban ?...
Mensonge encor ! la même année,
Victime des fleuves cruels,
Étoit de nouveau condamnée
A des scandales solennels !
La légitimité n'est point votre caprice
Pour les trônes tombés ou croulans parmi vous ;
Mais de tous leurs débris lorgnant le bénéfice,
Déjà vous mesurez vos parts d'un œil jaloux.

Vous mentez tous pour cette Espagne
Où j'ai perdu tant de lauriers :
Ses traîtres ne sont point au bagne ;
Ses rois, en France, ont des geôliers !
Ah ! si mon exemple funeste
N'est point pour vous une leçon,
Avant peu vous saurez le reste
Dans l'angoisse et dans le frisson !...
Et vous mentez toujours, de loin, pour la Pologne
Où j'ai menti, de près, gouvernailleurs français.
Quoi ! dix ans de menace ! ô pudeur ! ô vergogne !
Est-ce donc par des mots qu'on plaide un tel procès ?

Vous mentez dans cette Algérie
Où la juste fierté d'un roi
Fut glorieuse à la patrie
Plus que cent triomphes à moi.
Mais cette fois votre mensonge
Vous a trompés; et, sans répit,
La conquête marche et prolonge
Sa splendeur et votre dépit.
Honneur au sang de France! honneur à son courage!
Car pour lui, j'en réponds, jamais il n'est menteur;
Et si j'ose en parler, je dis : Honte, dommage,
Quand il est prodigué pour un usurpateur!

Cet aveu seul en vaut bien mille
Pour ma pleine confession :
Quel que soit le prétexte habile
Dont se couvre l'ambition,
Toujours la puissance coupable
Doit compte de tous les fléaux
Qu'elle entraîne, escorte indomptable
Et de crimes et de bourreaux !
Tôt ou tard devant Dieu, ce compte, il faut le rendre :
Une longue prison, dans un brûlant désert,
Ne suffit point! il faut... que vais-je leur apprendre!
Sortons! sortons d'ici! l'abîme est entr'ouvert!

Adieu donc! vous avez l'histoire
De ma vie et de mon tombeau...
Un rocher garde ma mémoire
Mieux que le fond de ce caveau.
Mon ombre, repassant les ondes,
Retourne aux lieux qu'elle a quittés,
Pour redire entre les deux mondes
La vanité des vanités!
Je vous laisse en partant un reste de poussière;
Inscrivez-y ce mot, dernier cri d'un géant :
VANITÉ! Mais la mort est un flot de lumière,
Et le ciel et l'enfer ne sont pas le néant.

(15 décembre 1840.)

Vers la fin du mois de décembre 1841, j'envoyai
au père Lacordaire le volume qui contenoit les
doléances, etc., et je lui écrivis ce billet :

« Mon cher et Révérend Père,

« Au moment de vous adresser à Rome ma
doléance amicale, j'ai su que vous reveniez en France;
et, dans mon voyage de Bourgogne, j'apprends que
vous êtes en route pour Paris. Je charge le porteur
de ma lettre de vous remettre en même temps un
exemplaire du *Souvenir du Ciel.*

« J'ai bien compté sur la sainteté de votre caractère
et sur tout ce que je connois de votre cœur, dans la
confiance avec laquelle je vous ai parlé devant le
public.

« Recevez, mon très-cher et Révérend Père, l'affectueux hommage de mon vieil attachement.

« Alex^e. Guillemin. »

Le père Lacordaire me répondit :

« Mon très-cher Maître,

« J'avois déjà lu votre *doléance amicale*, lorsque l'un de vos gendres est venu m'apporter *les Souvenirs du Ciel*, avec votre aimable billet.

« Je vous assure que je n'ai rien trouvé, dans votre longue et publique note, qui me prouvât de votre part aucun sentiment dont j'eusse à me plaindre. Vous avez parlé de ma personne en ami.

« Et, quant au fond de la question, je comprends votre point de vue sans l'adopter.

« Jurisconsulte, vous vous en tenez au droit.

« Religieux, je songe surtout à la Providence.

« Il est possible que Charlemagne, Hugues Capet, et Napoléon soient des usurpateurs d'un droit encore vivant. Je laisse cette question ce qu'elle est, et je cherche les raisons de Dieu *qui ôte et qui donne les sceptres*, sacre et répudie Saül.

« J'ai toujours beaucoup aimé Jonathas ; mais je respecte les conseils de Dieu dans David, même lorsqu'il est adultère et meurtrier.

« Je tiens à la souveraineté malheureuse ; mais je sais aussi que Dieu immole la souveraineté quand il lui plaît ; et dans l'incertitude de sa volonté finale, en ces grands sacrifices, je m'arrête toujours un peu au-dessus des partis qui affirment ce qu'ils ignorent, combattent pour ce qui est condamné, ou achèvent la perte des causes que la divine Providence regardoit encore avec doute.

« En un mot, mon cher Maître, je vous concède d'être un homme juste. Si je n'étois chrétien, prêtre, et religieux, je ferois comme vous.

« Veuillez agréer l'expression de mes sentiments les plus distingués et les plus dévoués.

« F^re Henri-Dominique Lacordaire,

des Frères-Prêcheurs. »

Cette lettre, et surtout les dernières phrases, nécessitoient encore quelques mots de ma part :

« Mon très-cher et Révérend Père,

« Votre réponse me revient aujourd'hui de Châtillon, où elle est allée un peu tard, parce que M. de Croisœüil n'a pas été fort exact; je l'en ai grondé.

« Je suis touché de la persévérance de vos sentiments pour votre ancien et *dolent* patron. Je vous renouvellerois encore ma doléance, si je ne commençois à en craindre l'inutilité.

« Je ne vois rien qui ressemble à une consécration dans les triomphes de l'iniquité. Où est Samuel?.. où est David?..

« La Providence ne *doute* jamais, pas même quand elle tolère le mal.

« Je suis chrétien, du moins je l'espère bien de la

grâce de Dieu ! et je ne pense pas que l'on puisse concevoir une parfaite justice sans christianisme, ni le christianisme sans une parfaite justice.

« Agréez, mon cher et Révérend Père, l'assurance de mon affectueux dévouement.

ALEX^e. GUILLEMIN.

« *Paris, le 19 novembre 1841.* »

Il y avoit encore, dans le *Souvenir du Ciel*, une exposition catégorique de tous les principes en présence desquels le père Lacordaire disoit à son ancien patron : « *Vous vous en tenez au droit, et je vous concède d'être un homme juste.* » Ils y sont formulés et développés sous ce titre : *Le Serment et le Droit Divin ;* et comme ils servoient de base à la première doléance, et doivent également justifier celles qui suivront, il convient de les publier pour la troisième fois, tant ils nous paroissent utiles à toutes les consciences, soit pour réveiller celles qui sont endormies, soit pour préserver celles qui flottent au milieu des périls et des écueils.

La vérité aura toujours sa puissance ; elle est la consolation des fidèles, et le tourment des égarés ; et parmi ceux-ci elle ramène et sauve toujours les cœurs droits.

LE SERMENT ET LE DROIT DIVIN

Les incrédules ne sont pas les seuls qui, de nos jours, aient osé attaquer la théorie du droit divin dans la puissance ; mais on a vu et l'on voit encore des hommes de foi, sinon de foi pratique, du moins de foi spéculative, renier eux-mêmes, par des paroles pour le moins irréfléchies, la sanction divine des pouvoirs humains. Ils rougiroient, en ce point, de rendre à Dieu ce qui est à Dieu. Ils ne veulent avoir affaire qu'à César seul, c'est-à-dire soit au César qu'ils font ou qu'ils laissent faire avec cette doctrine, soit au César détrôné dont leur ambition plutôt que leur fidélité déplore le malheur.

D'un autre côté, la plupart des hommes sans croyance engagent néanmoins par serment leur foi politique, et ils n'oseroient jamais dire que la religion n'est pour rien dans ce pacte solennel ; car il faudroit alors chercher la lumière auprès des peuples païens, et leur demander si un serment peut se faire ou se comprendre sans Dieu.

Évidemment il y a dans cette controverse un énorme malentendu,

Le Ciel nous dit : « Toute puissance vient de Dieu.» Et l'orgueil de l'homme répond : « Les peuples ont leur force à eux, leur puissance à eux, leur indépendance à eux : *Nolumus hunc regnare super nos.*

Mais, à part l'impiété, l'orgueil lui-même est forcé de reconnoître Dieu comme la source de toute vérité et de toute justice.

Eh bien ! cet aveu suffit pour établir la théorie du droit divin dans la puissance.

Il ne s'agit pas de mettre le gouvernement sous la tutelle active de l'Église ; le chef de cette Église a dit lui-même : *Mon royaume n'est pas de ce monde ;* ce qui, toutefois, ne veut pas dire que Dieu cesse d'être le Roi des rois, le Seigneur des seigneurs, *Rex regum, Dominus dominantium ;* ni que l'Église, dépositaire de l'autorité spirituelle, n'ait aucun droit à exercer sur les puissances ; mais seulement que le Christ réservoit pour un autre temps, et surtout pour le grand jour des justices, la complète manifestation de sa gloire.

Au surplus, je vais mettre la discussion sur le terrain où se placent eux-mêmes les adversaires *du droit divin,* et leur prouver qu'ils ne peuvent échapper à ce droit suprême, à moins d'abjurer Dieu.

Il ne s'agit donc pas de théocratie ; et, bien que

certains États n'aient eu qu'à s'applaudir, dans leur premier âge, d'avoir reçu de l'Épiscopat leurs constitutions, l'ingratitude est presque permise, ou du moins elle est loisible aux peuples émancipés par leur propre force, à leurs périls et risques.

Mais de ce que presque partout aujourd'hui les pasteurs des âmes n'ont aucune part directe ni même indirecte dans l'administration des peuples, et de ce que nous nous abstenons de remonter à cette vérité, *omnis potestas a Deo*, s'ensuit-il qu'il n'y ait plus de droit divin dans le droit public ? Telle est la question.

Et, pour la fixer plus nettement, la fidélité aux devoirs politiques n'est-elle pas sacrée ?

Je réponds avec toutes les consciences : Oui !

Autrement il n'y a plus ni vérité ni justice dans les chartes des nations.

J'ajoute, pour plus de clarté encore, que cette fidélité est de droit divin.

Et ici je définis le droit divin : *la sainteté des droits et des devoirs respectifs entre les gouvernants et les gouvernés.*

Moyennant cette franche définition, le droit divin arrive jusque dans la thèse que me posoit familièrement, en 1828, l'un de mes anciens collègues à la Cour de Cassation, qui, depuis, a convoyé jusqu'au bord de l'Océan le deuil et l'exil de trois royautés : « La religion, tant que tu voudras, hors de l'État, mais rien dans l'État. »

Certes ! par de telles paroles, ce publiciste ne prétendoit pas exclure de la politique ce qui fait la sanction des lois, la sanction des devoirs, la sanction des intérêts.

Il faut sans doute expliquer aussi dans le même sens l'auteur du *Génie du Christianisme*, qui, avec un langage plus étonnant encore sous sa plume, a écrit en 1830 : *Je ne crois pas au droit divin de la royauté, et je crois à la puissance de la révolution et des faits* (1) ; et qui a répété en 1831 (2) : *Moi je ne crois pas au droit divin ; mais je ne crois pas davantage à la souveraineté du peuple.*

Dans ce système d'exclusion du *droit divin contesté*, nul homme de bonne foi ne peut vouloir décliner, soit le lien du serment, soit les obligations de la conscience, qui forment le *droit divin non contesté*.

Cela posé, je puis en conclure que le droit divin, tel que je l'ai défini et tel qu'il me semble devoir l'être, fait partie intégrante et même dominante de tout droit politique, et cela jusques sous le régime républicain.

Il en résulte nécessairement aussi qu'il y a une légitimité de succession au pouvoir dans tous les États, dans les républiques, comme dans les monarchies, pour peu que la justice et la vérité entrent dans leurs constitutions.

Lorsque, récemment, la mort du général Harrison a donné la présidence des États-Unis au vice-président, John Tyler, il y a eu transmission légitime, partant légitimité.

(1) *Discours* du 7 août 1830.
(2) *De la Restauration et de la Monarchie élective.* (Mars 1831.)

En résumé, sur le droit divin contesté et le droit divin non contesté, il faut dire :

Toute puissance vient de Dieu.

Toute vérité vient de Dieu.

Toute justice vient de Dieu.

De ces trois principes, un seul suffit pour établir la théorie du droit divin.

Les hommes qui prétendent se débattre contre le premier n'osent pas répliquer contre le second, ni contre le troisième.

Donc le droit divin reste toujours dans la puissance, soit comme son principe, soit comme sa consécration.

Donc tous ceux qui violent la foi jurée ou les devoirs du citoyen, en changeant l'ordre établi, l'ordre consacré dans des liens de conscience, et devant Dieu, violent en même temps le droit divin; car le droit divin, autant par la nature des choses que par l'intervention du serment, se trouve introduit, mêlé et comme identifié avec les engagements des gouvernants et des gouvernés.

Malheur à ceux qui remuent la pierre angulaire, la pierre fondamentale de l'édifice ! Toutes les catastrophes qui en résultent tombent à la charge de leurs remords et de leur expiation.

Point de prescription au profit des coupables ou de leurs complices (1) ! L'avenir de leurs successeurs

(1) Le père Lacordaire nous a dit lui-même : « Le temps n'ajoute rien à l'injustice que la durée; il ne diminue pas la dette, il l'accroit. » — Et relativement à l'usurpation partielle des États romains, il ajoute : « Le territoire est divisible, le droit ne l'est pas. » Il avoit eu le temps d'y réfléchir de 1841 à 1860. V. p. 55 *Sup*.

devient une question de bonne foi ; mais cette bonne foi n'est jamais possible de la part des usurpateurs eux-mêmes. La droite raison le dit et le crie aux consciences. Et nulle puissance humaine ne peut prévaloir ici contre la vérité.

Que s'ensuit-il donc?

Il s'ensuit que l'usurpation ne peut jamais être solidement assise dans le pouvoir qu'elle envahit.

Il s'ensuit qu'elle est responsable de toutes les calamités survenues, de tous les crimes commis, de tout le sang versé pour elle, ou à son occasion ; et responsable encore de toutes les vacillations désastreuses, de tous les ébranlements, de toutes les ruines qui en sont comme les contre-coups inévitables, et qui entrent aussi dans le compte qu'elle doit rendre tôt ou tard.

Il s'ensuit que les exécutions capitales en sa faveur, sont la plus funeste consommation de son œuvre.

Il s'ensuit que les serments qu'elle a indûment requis ne détruisent pas les serments légitimement jurés.

Il s'ensuit que, dans les commotions nouvelles, où le droit d'une part et le fait inique de l'autre peuvent être en présence, le devoir des citoyens n'est pas douteux et doit s'attacher au triomphe du droit sur le fait.

Il s'ensuit que, si l'usurpation inscrit elle-même la *souveraineté du peuple* dans sa législation, elle a d'avance prononcé sa propre condamnation, quand le peuple fait acte de souveraineté contre elle.

Il s'ensuit que l'injuste puissance à laquelle, dans

le for extérieur, on paie les tributs de l'or, n'a aucune espèce de titre aux tributs d'estime, dans le for intérieur.

Il s'ensuit que l'on peut provoquer ses remords, sinon par une accusation directe, du moins en rappelant les principes qu'elle a violés.

Il s'ensuit que les protestations énergiques sont non-seulement un droit, mais un devoir, quand elle se rend coupable de nouveaux scandales.

Il s'ensuit que tous ceux qui osent prostituer la louange publique, soit aux œuvres de l'usurpation, soit aux personnages couronnés par elle, contristent le ciel et la terre.

Il s'ensuit que toutes les formules de simple usage doivent se borner envers elle à la plus rigoureuse réserve, et ne jamais compromettre la sincérité du cœur, ni surtout promettre le cœur des autres.

Il s'ensuit que les hommes d'honneur et de probité doivent se renfermer avec elle dans la gravité impassible et dans le strict accomplissement des obligations sociales, sans les franchir jamais pour lui complaire.

Il s'ensuit qu'ils doivent réserver à ses victimes toutes les affections, tous les hommages, tous les honneurs dus à la royauté véritable ; car il n'y a jamais deux rois pour un même trône, et le précepte de l'Apôtre, *regem honorificate*, ne peut pas avoir deux applications simultanées ; encore moins pourroit-il attribuer la préférence à l'usurpation sur le droit inviolable, envers lequel il prescrit les respectueuses déférences.

Il s'ensuit que le culte, quant aux prières, doit s'abstenir, à l'égard des pouvoirs de fait, d'aller au-delà d'une soumission passive, au-delà de ce qui est formellement exigé par eux, au-delà surtout de ce qui est compatible avec les lois éternelles de la vérité.

Il s'ensuit que, dans les manifestations publiques, auxquelles rien n'oblige à prendre part, le silence dans les unes, et l'absence dans les autres, est un devoir de droiture et de loyauté.

Mais de ce que l'usurpation consommée reste toujours criminelle, il ne s'ensuit pas que quand l'ordre est établi dans le désordre même et sous le joug de ce crime personnifié dans les gouvernants, les gouvernés aient de plein droit la mission de s'insurger, d'après la seule impulsion de leurs convictions personnelles.

Il ne s'ensuit pas que, sans la présence ou l'intervention de la légitimité personnifiée dans les chefs proscrits, les fidèles de cœur puissent troubler par leurs entreprises l'administration de l'État.

Il ne s'ensuit pas qu'il leur soit permis de se constituer les arbitres exécuteurs entre le droit silencieux et l'illégitimité triomphante.

Il ne s'ensuit pas que les cités doivent fermer leurs archives, la justice ses tribunaux, l'Église ses temples.

Il ne s'ensuit pas que la patrie doive rester sans défenseurs contre l'étranger.

Il ne s'ensuit pas qu'elle doive renoncer à ses relations avec les autres puissances.

Il ne s'ensuit pas qu'un gouvernement, même impie, ne puisse devenir une occasion de salut pour les justes, suivant la parole de l'Apôtre : *omnia cooperantur in bonum* (1).

Il ne s'ensuit pas que les serments prêtés pour le maintien d'un ordre tel quel, mais ordre nécessaire, soient interdits pour les consciences, alors même qu'ils sont fatigants pour les répugnances.

Il ne s'ensuit pas que les devoirs qui en résultent ne soient pas des devoirs sacrés.

Il ne s'ensuit pas que le droit divin, tel qu'il a été défini, ne se retrouve encore là ; ce qui explique admirablement la vérité générale et absolue de cette parole de l'Écriture : *per me reges regnant* (2).

Il ne s'ensuit pas que l'on ne soit point obligé de prier pour les usurpateurs, pour qu'ils fassent l'usage le moins coupable possible de leur puissance, et surtout pour qu'ils trouvent moyen de la restituer.

Il ne s'ensuit pas que les injures, les offenses, les outrages directs contre la personne des gouvernants soient irrépréhensibles et doivent rester impunis.

Il ne s'ensuit pas que les attentats contre la vie des usurpateurs ou de leurs complices deviennent moins exécrables.

(1) S. Paul, Rom., VIII, 28.
(2) *Prov.*, VIII, 15.

Enfin il ne s'ensuit pas que l'on puisse se liguer contre une injuste puissance, autrement que par la réprobation du mensonge et la défense de la vérité.

Toutes ces règles pratiques pour les fidèles s'accordent parfaitement avec la doctrine invariable de l'Église; car, autant de sa part il y a d'inflexibilité dans les principes, autant il y a de soumission devant les faits consommés dont elle s'abstient de se constituer juge, quand la Providence les impose ainsi comme une nécessité.

A chacun la responsabilité de ses œuvres.

Ne jugeons pas le droit par l'exemple des abus. Ne voyons que le précepte, sans nous préoccuper des violations imputables seulement aux passions des hommes.

Jésus-Christ a posé la base de cette doctrine dans son admirable réponse à la question des Pharisiens sur l'obligation de payer le tribut : *Rendez à César ce qui est à César, et à Dieu ce qui est à Dieu.*

La puissance établie, quelle qu'elle soit, trouve la soumission au fait dans la première partie de la réponse : *Rendez à César ce qui est à César;* et l'inviolable droit, sa sanction dans la seconde : *Rendez à Dieu ce qui est à Dieu.*

Et quand le droit et le fait sont heureusement réunis sur une tête couronnée, l'application est complète.

A ces paroles divines il faut ajouter celles des Apôtres.

Dans sa première épître, saint Pierre a dit : « Craignez Dieu : honorez le roi.

« Serviteurs, soyez soumis à vos maîtres, avec crainte; non-seulement à ceux qui sont bons et doux, mais encore à ceux qui sont difficiles (1). »

Et saint Paul donne le plus exact commentaire des deux textes en ces termes :

« Que tout homme se soumette aux puissances supérieures; car il n'y a point d'autorité qui ne vienne de Dieu; et toutes celles qui existent sont l'œuvre de sa providence.

« C'est pourquoi celui qui résiste aux puissances résiste à l'ordre de Dieu ; et ceux qui se rendent coupables de cette résistance, se livrent eux-mêmes à la damnation.....

« Rendez donc à chacun ce qui lui appartient : le tribut à qui est dû le tribut; l'impôt à qui est dû l'impôt; le respect à qui est dû le respect; l'honneur à qui est dû l'honneur (2). »

Ainsi, c'est en parlant des puissances, c'est en parlant des chefs des nations, que l'apôtre est entré dans cette distinction et du tribut, et de l'impôt, et du respect, et de l'honneur, en distinguant aussi les personnes, les divers ayants droit.

En telle sorte que l'application complète, ou l'application distincte et séparée de tous ces différents devoirs, se fait conformément au droit de chacun.

La soumission aux pouvoirs établis est donc seule

(1) 1, — 2, — 17.
(2) *Rom.*, XIII, 1 à 7.

imposée comme une obligation générale et absolue ;
mais quant à la crainte respectueuse et quant à l'honneur, il faut nécessairement que cette sorte d'hommage
soit distinguée de toute prestation matérielle, il faut
répéter : *cui tributum, tributum ; cui vectigal, vectigal ; cui timorem, timorem ; cui honorem, honorem.*

C'est-à-dire le tribut et l'impôt même à l'usurpation consommée, en l'absence des pouvoirs légitimes. Mais le respect, mais l'honneur, à la véritable
royauté ! à elle seule !

Et ici revient la parole divine : *Rendez à César ce
qui est à César, et à Dieu ce qui est à Dieu.*

C'est en fixant les yeux sur ces maximes sacrées
que, dans ma profonde conviction, j'ai essayé d'en
déduire les conséquences pratiques, et j'ai la satisfaction d'être d'accord avec tout ce que je connois de
cœurs voués au culte de la vérité comme au culte
de la religion.

Ces maximes et leurs déductions logiques sont
vraies en tout temps et en tous États, et elles le
seront toujours tant qu'il existera des gouvernements
sur la terre.

Ainsi le droit divin, bon gré mal gré, se retrouve
dans toutes les obligations respectives des gouvernants et des gouvernés ; parce que Dieu est partout,
et qu'il est impossible aux hommes de se soustraire à
ses lois éternelles, quelle que soit la forme de leurs
fugitives législations.

Une consécration immédiate saisit tous les engagements, et nulle violation de ces engagements, toujours sacrés avec ou sans serment, ne sauroit rester impunie en ce monde ou dans l'autre.

Le peuple ne peut donc jamais, sous prétexte de souveraineté, se dégager lui-même de ses devoirs, et quand il les a violés à l'instigation des usurpateurs ou de leurs complices, soit contre le chef de l'État, soit contre ses successeurs légitimes, il est tenu, comme les usurpateurs eux-mêmes, à toutes les réparations.

Sans doute les masses aveugles ne sont pas jugées aussi sévèrement en ce point que les directeurs de leur révolte, et c'est en corps de nation qu'elles sont châtiées dans la vie présente, sans préjudice des expiations individuelles; car dans la vie future il n'y aura plus de distinctions de peuples, ni au ciel, ni aux enfers, mais un seul peuple d'élus, et un seul peuple de réprouvés.

Tous les autres principes que j'ai posés pour démontrer le *droit divin dans la puissance* s'expliquent facilement d'eux-mêmes.

Et quant au devoir des magistrats et des législateurs, ils sont rappelés en des termes qui n'ont pas besoin non plus de commentaire.

Ces vérités sont restées et resteront pareillement applicables à toutes les époques et pour tous les empires de ce monde.

Disons seulement quelques mots de plus, relativement aux obligations particulières de la magistrature, dans les temps de perturbations politiques.

Elle doit toujours avoir devant les yeux les grands

principes dont la base divine est incontestable. Par conséquent, dans l'administration de la justice, elle est tenue à tous les égards possibles envers les convictions consciencieuses; et, dans les débats criminels surtout, quelle réserve, quelle timoration lui est imposée quand la fidélité a usé de son droit, ou même lorsqu'elle s'est égarée par une ardeur poussée au-delà des justes bornes !

Souvent alors les accusés paroissent élevés sur leur banc bien au-dessus de l'estrade de leurs juges ! et, même en face des condamnations, il est des hommes qui savent attacher les magistrats iniques au carcan de la postérité : témoin cet illustre marquis de Montrose qui, martyr de son attachement à Charles Ier, disoit, en apprenant par son arrêt quelle devoit être la destination de son corps après le supplice : « Je voudrois avoir assez de chair pour qu'on en pût exposer un morceau dans toutes les villes du monde, comme un monument de la fidélité qu'un sujet doit à son souverain ! »

DEUXIÈME DOLÉANCE

Dans une allocution (9 janvier 1842) à la jeunesse de Bordeaux, le père Lacordaire s'écria soudainement :

« Bordeaux! terre aimable! terre éloquente!...
« faisons silence, Messieurs...! n'entendez-vous pas
« Vergniaud, Desèze, Lainé, Ravez, de Martignac,
« de Peyronnet, Henri Fonfrède que vous venez de
« perdre?... etc. »

Le défenseur de Louis XVI et le Girondin régicide, ainsi accolés dans la même admiration, et sans un seul mot de commentaire, ou de réserve, quel nouveau symptôme des périls d'un génie éclos au milieu des orages !

A Dieu ne plaise que nous ayions jamais la pensée d'imputer au père Lacordaire une approbation quelconque des crimes de la Révolution ! mais trop évidemment il n'y puisoit pas le pieux instinct qui auroit dû lui épargner à lui-même une sorte de stupeur à la vue d'un amalgame sinistre.

Grâce et pardon aux plus grands coupables ! oui, sans doute : c'est le vœu sublime de la foi. Nous ne l'oublions point, nous qui, dans la ville de Saintes, en 1817, avec le patron de nos premières armes, le saint et éloquent Billecocq (1) avons embrassé un régicide dont les larmes ont mouillé nos fronts. Nul donc n'est exclu de la miséricorde, mais sous la condition du repentir, et sauf la flétrissure du crime, en tout et partout.

Il falloit dès lors un redoublement d'énergie dans les *doléances.*

On se souvient, en effet, des principaux actes de Vergniaud : il prit part aux décrets sanguinaires de la Convention ; il se constitua l'apologiste de *Jourdan Coupe-tête;* il présida l'assemblée des assassins du roi martyr, et il prononça l'exécrable sentence !

Et rien de tout cela n'a refoulé, sur les lèvres du père Lacordaire, ces incroyables paroles : « Bordeaux, terre aimable, terre éloquente ! faisons silence, Messieurs ! n'entendez-vous pas Vergniaud, Desèze !... »

Pour réprimer un tel langage dont les journaux s'emparoient, les moyens doux et paternels ne suffiroient plus avec le jeune orateur. Il étoit temps, pour sa propre gloire, de l'étonner, de le *contrister* même

(1) Ancien bâtonnier de l'Ordre des avocats à la Cour de Paris. Je l'accompagnois comme auxiliaire dans une grande cause où il obtint un vrai triomphe aux applaudissements de toute la vieille Cité.

par de rudes apostrophes, comme il s'en est plaint. C'étoit l'avis des plus graves personnages et de ses meilleurs amis, à part ceux qui voyoient, dans l'explosion de *cette lave révolutionnaire*, l'éclair qui devoit *illuminer la nuit d'alentour* (1). Nul peut-être n'étoit en situation de l'admonester aussi énergiquement, que celui qu'il appeloit son *ancien patron*; et assurément, les *doléances* lui ont fait plus de bien, croyons-nous, que les louanges les mieux méritées.

Au surplus, il est facile de reconnoître, dans la fiction à laquelle j'ai eu recours en faisant parler Vergniaud lui-même, le but salutaire de cette forme exagérée. D'ailleurs, on le voit par la Sainte-Écriture, bien des vérités semblent grandir dans la bouche des morts; telles sont, par exemple, les paroles que le livre de la *Sagesse* recueille de ceux qui s'accusent eux-mêmes dans les abîmes, en voyant de loin la gloire des justes : « Insensés que nous étions! leur vie nous paroissoit une folie...., etc., IV-4. » Les attribuer à un régicide, c'est assurément être dans le vrai; mais toujours sauf la miséricorde infinie et sauf le mystère du sort éternel réservé à chacun des grands coupables.

(1) Voy. pag. 3, *sup.*

AU R. P. LACORDAIRE

RÉPONSE DE VERGNIAUD

ÉVOQUÉ PAR LUI

———

Homme sacré ! ta bouche ardente
M'appelle du fond des tombeaux ;
Je l'entends saluer Bordeaux :
« Terre aimable ! terre éloquente ! ».
Et, pour premier témoin de ton soudain transport,
Tu lui jettes mon nom parmi les noms qu'elle aime,
Mon nom, drapeau d'orgueil, souvenir d'anathème,
De larmes et de sang, de terreur et de mort !

Tu crois au Dieu vengeur du crime,
Tu crois au Dieu de la vertu...
Mais devant moi t'en souviens-tu?...
J'adjure ta pensée intime :
Tu sais tous mes forfaits, tu les sais à coup sûr !
Prétendrois-tu juger ma peine expiatoire?
(Est-ce trop d'un enfer? assez d'un purgatoire?)
Toi qui viens m'admirer comme si j'étois pur?

Oui, tu sais toute ma carrière;
Tu sais que ce nom de Vergniaud
Maintes fois dressa l'échafaud,
Brisa l'autel de la prière,
Convoqua les bourreaux dans le temple des lois,
Et, du flot populaire envenimant l'écume,
Dans une âme céleste en jetoit l'amertume,
Et présidoit enfin les meurtriers des rois !

En vain ma parole émouvante
S'attendrissoit parmi les pleurs,
Et savoit répandre des fleurs
Dans le deuil et dans l'épouvante ;
En vain, balbutiant le cri du repentir,
Et sur mon tribunal épouvanté moi-même,
J'invoquois et le peuple, et son arrêt suprême,
Je sortis tout couvert du sang du Roi Martyr !

Je l'avois abreuvé d'outrages !...
Mon nom doit donc rester maudit !
Et toi, Prêtre, qu'en as-tu dit ?...
Ah ! reprends, reprends tes hommages,
Ne vante plus ma gloire à l'erreur des humains ,
Laisse à leur Panthéon ouvert aux régicides
Les majestés du crime, et ses splendeurs livides,
Et d'un encens impur ne souille pas tes mains !

Naguère encor, ta voix hardie
Préconisoit, dans le Saint Lieu,
Ce géant, ce fléau de Dieu,
Qui passa comme un incendie....
Voudrois-tu des tyrans dont il fut l'héritier
Couvrir sous son manteau la mémoire abhorrée ?...
Trop longtemps j'ai porté leur sanglante livrée ,
Et je la répudie aux yeux du monde entier.

Défense à mon âme de dire
Le sort de son éternité !
Mais au livre de vérité,
Prêtre éloquent, toi qui sais lire,
Raconte au cœur de l'homme un drame des enfers ;
Qu'il sache où vont se perdre et la vaine parole,
Et la puissance impie, et la menteuse idole,
Et quels sont dans la mort les soupirs des pervers.

Du fond des éternels abîmes,
Où l'espoir ne pénètre plus,
Ils aperçoivent les élus
Assis sur des trônes sublimes.
« Les voilà, disent-ils, ces saints des temps passés,
« Les voilà couronnés des fruits de l'espérance !
« Leur foi sembloit folie, et leur culte, ignorance :
« Ils étoient sages tous ; et nous tous, insensés !

« Hélas ! dans de pénibles voies,
« Nos jours vainement prodigués
« Laissoient à nos cœurs fatigués
« Plus d'amertumes que de joies !
« De quoi nous ont servi les rêves de l'orgueil,
« Et le pouvoir sans borne, et les trésors sans nombre?
« Nos stériles bonheurs ont passé comme l'ombre,
« Comme un flot qui se brise en touchant à l'écueil.»

Que dis-tu de ces cris funèbres,
Toi, ministre du Dieu vivant?
Faudra-t-il les jeter au vent,
Pour la paix des crimes célèbres?
Oh ! non, tu ne veux pas de tes lèvres de miel
Abjurer la lumière et la foi des prophètes...
Mais, quand ma voix inique a fait rouler des têtes,
Comment donc la mêler à des échos du Ciel ?

Et n'ai-je pas osé défendre
L'homme qui d'un affreux couteau
Tenoit son surnom de bourreau !
Ai-je besoin de te l'apprendre ?
Le souvenir du sang n'est-il pas toujours chaud ?
Peut-il jamais s'éteindre ?... et toi, sachant ces choses,
Redis donc à Bordeaux, maintenant, si tu l'oses :
« Terre aimable ! silence ! écoute : c'est Vergniaud!»

Avec moi tu nommes De Sèze !
Et le ciment de ces deux noms
Descend-il, en rouges sillons,
Du calvaire de Louis Seize ?...
Le Golgotha sans doute, en parlant de plus haut,
Sur les plus grands remords fait les plus grands miracles.
Mais de mon repentir d'où sortent les oracles ?
Est-ce de ma prison, ou de mon échafaud ?

Et si tout l'univers l'ignore,
Toi-même tu n'ignores pas
L'abîme entr'ouvert sous mes pas,
Et tu crains qu'il ne me dévore !
Crains donc aussi de joindre, en des rêves confus,
Les enfants de l'opprobre aux enfants de la gloire,
Et des râles de mort à des chants de victoire
Où la Babel des cœurs crie et ne s'entend plus.

Tandis que ta vive harmonie
S'en va partout semant la foi,
Combien d'âmes jeunes chez toi
Ne vont chercher que le génie!
Redoute les périls de ton juste renom!...
Tu l'as dit : Le salut d'un seul mot peut éclore.
Sache aussi que l'erreur, bien plus rapide encore,
Aimeroit à courir sur l'aile de ton nom.

(Mars 1842.)

TROISIÈME DOLÉANCE

A son retour de Bordeaux, le père Lacordaire visita
et harangua aussi, en passant, la jeunesse de Tours.
La relation de cette visite fut encore publiée dans la
presse quotidienne, avec les paroles de l'orateur ; on
y remarquoit celles-ci :

« Il n'y a plus de royauté (1842), quoique notre
France soit essentiellement monarchique. Nous avons
un chef (Louis-Philippe) que nous aimons, que nous
respectons pour ses qualités personnelles, parce qu'il
donne l'exemple de toutes les vertus de famille.

« Autrefois, la royauté étoit toute - puissante.
Louis XIV à Versailles, ce monument le plus païen
qui ait été élevé sous la chrétienté, s'est livré à des
excès, à des débordements qu'il couvroit du moins
d'un voile de gloire ; ce voile, Louis XV l'a déchiré,
et il a laissé à nu le spectacle de scandales qui n'a-
voient pas eu de pareils depuis les temps de Babylone.

Néanmoins ces deux monarques sont restés tout-puissants. Mais, de nos jours que le chef de l'État se livre à de pareils débordements, il perdroit toute sa force.... il seroit brisé et dispersé ! »

L'audace de cette aventureuse hypothèse a fait dire alors en haut lieu : *Que nous veut donc ce moine ?*

Le matin du même jour, le père Lacordaire avoit admirablement prêché à Saint-Gatien, sur le triomphe de la foi et de l'Église, en y commentant le songe de Nabuchodonosor, où Daniel a vu lui-même prophétiquement tout ce que le roi avoit rêvé : la statue d'or, d'argent, d'airain, de fer et d'argile, figurant les divers empires ; puis la petite pierre miraculeuse qui, détachée sans main d'homme, va frapper la statue au pied, la met en poudre, devient une grande montagne, remplit toute la terre, forme un royaume *qui ne passe point à un autre peuple* et *dont la durée sera éternelle*, etc.

L'un des auditeurs, homme aimé et béni de tous, fut tellement ému de l'éloquence du frère-prêcheur, qu'il épancha aussitôt cette heureuse émotion dans une lettre qu'il lui adressa immédiatement aussi ; et il fut empressé, comme les innombrables admirateurs, d'aller à la réunion indiquée pour le soir, hors de la cathédrale, pour entendre encore le père Lacordaire. Mais quel déplorable contraste ! ce n'étoit plus le dominicain inspiré ; c'étoit un fougueux tribun : et comme dans le nombreux auditoire tous les partis étoient en présence, on craignit un moment quelque collision. Il leur disoit encore : *Vous valez mieux que vos pères !* et il partoit de là pour accuser à outrance le passé, l'ancien régime, etc. Nul parti ne se permit les applaudissements ; mais au sortir de la séance bien des paroles irritées furent entendues, et il fallut toute l'influence pacifique de la Touraine, pour dissiper l'orage. L'auteur de la lettre élogieuse s'en retourna comme la grande majorité de l'auditoire, avec bien plus de tristesse qu'on n'avoit eu de joie le matin ; et il m'a communiqué lui-même toutes ses impressions. J'en ai recueilli d'autres soit de vive voix, soit par correspondance, et indépendamment du compte-rendu des journaux, elles ne laissoient non plus aucun doute sur la funeste pente à laquelle se laissoit aller le génie du jeune orateur.

Une vieille amitié pouvoit-elle donc rester silencieuse en face de pareils écueils? et ne falloit-il pas encore quelques plaintes menaçantes à l'adresse de celui qui ne tenoit aucun compte des doléances amicales?

Aujourd'hui même, peut-on, sans être infidèle à la vérité biographique sur le père Lacordaire, laisser dans l'ombre tous ces malheureux souvenirs? ne vaut-il pas mieux exposer franchement tout ce qui s'est passé au moment des périls? Au moins plus tard, nul ne pourra se livrer à des conjectures hasardées; on saura exactement le vrai, avec des documents contemporains et irrécusables. On y verra que le téméraire bien-aimé, qui alors ne savoit pas même retenir sa fougue devant les âmes agitées, est devenu enfin l'exemple de la plus douce modération; que la même voix qui le gourmandoit paternellement a été heureuse de lui rendre toute justice ; et, si mon témoignage paroît digne de quelque attention, que le jeune ami et le vieil ami se sont enfin si bien rapprochés qu'ils ne se rencontroient jamais, après quelque absence, sans se donner l'accolade fraternelle (et pourquoi ne le dirois-je pas ?) jusque dans les rues de Paris, comme au bon temps de l'ancien régime.

Ces petits détails, mieux que toutes les grandes phrases, font connoître le cœur de Lacordaire et sa parfaite mansuétude, malgré l'audace de son éloquence voyageuse ; je m'empresse de les donner afin d'adoucir à l'avance ce qui pourroit sembler trop cruel dans le ton des doléances, bien que la parole incisive ait été jugée nécessaire au but qu'elles ont définitivement atteint.

Le père Lacordaire arrivoit alors à grands pas au faîte des triomphes oratoires. Le péril des abus, le malheur des écarts, n'en étoient que plus effrayants pour les fidèles admirations et les vrais dévouements. Les remontrances devoient donc suivre sans relâche la même progression dans l'accent des regrets, mais toujours avec l'espoir des consolations finales, qui n'ont pas manqué, non plus que les hommages dus enfin sans réserve au grand prédicateur.

AU R. P. LACORDAIRE

Ce roi que ta parole encense,
S'il abuse de sa puissance,
Il sera brisé dans la main
Et sous le pied fougueux du peuple souverain !
C'est toi, tribun sacré, qui tiens ce fier langage :
Et soudain, l'ignorance, admirant ton courage,
Demande si *Juillet* se fait dominicain ?

Peu touchés de cette méprise,
Mais émus d'une autre surprise,
Les cœurs chrétiens ont répondu :
C'est un dominicain à *Juillet* descendu !
Non ! des briseurs de rois la voix n'est point divine ;
Et tout prédicateur de leur folle doctrine
S'est fourvoyé comme eux, et comme eux s'est perdu.

A ce reproche, tu t'expliques :
Il est des révoltes logiques ;
Elles épargneront les rois,
S'ils sont amis constants des vertus et des lois.
Le peuple qui les juge, épiant leur foiblesse,
Administre sur eux la foudre vengeresse :
En un seul jour, naguère, il en a frappé trois.

Dis-nous donc quels étoient leurs crimes ?...
Dis-nous pourquoi tant de victimes ?...
Dis-nous les forfaits du berceau ?
Et cependant tu viens chanter l'ordre nouveau ;
Tu bénis l'héritier d'une large tempête,
Et tu veux consacrer, toi moderne prophète,
Ce roi sans royauté, trônant sous ton niveau !

Et tu lui jettes à la face
Et panégyrique, et menace :
Qu'il soit sage ! ou bien, garde à lui !...
Et voilà, d'un seul mot, la grandeur d'aujourd'hui !
Et ton froc, dans ses plis recélant l'anathème ,
Se fait peuple, oubliant Dieu, s'oubliant lui-même,
Le tribun reste seul, le prêtre s'est enfui *.

---

* M. de Montalembert admet lui-même poétiquement aussi l'éclipse
du prêtre et du catholique , quand il dit page 215 : *Le prêtre et le
catholique reparurent tout entiers chez Lacordaire.*

« Rois pécheurs, sortez ! place à d'autres !... »
Est-ce là la voix des apôtres ?...
C'est la tienne ! et j'y reconnais
Le disciple brûlant du feu de Lamennais.
Mais je n'y vois plus rien ni de Paul, ni de Pierre ;
Je n'entends plus ce cri de leur sainte prière :
« Soumettez-vous, chrétiens, même aux princes mauvais ! »

Et pourtant, ces martyrs de Rome
Faisoient la guerre au cœur de l'homme ;
Premiers flambeaux de l'univers,
Ils jetoient leur éclat au-devant des pervers ;
Toujours sujets soumis, jamais flatteurs complices,
Ils respectoient le prince en flétrissant les vices,
Et n'acceptoient de lui que la mort ou des fers.

Aussi leurs lèvres restoient pures
D'adulations et d'injures,
Et l'Évangile à leurs regards,
D'un bout du monde à l'autre, offroit de toutes parts
Ce commerce des saints, magnifique industrie,
Où le prix est le sang, et le Ciel la patrie :
Ils laissoient tout le reste à la main des Césars.

Jamais le flot de l'huile sainte
N'avoit encor mis son empreinte
Sur le front de ces empereurs,
Quand l'Église déjà, détrônant les erreurs,
Et de toute révolte abolissant l'idée,
Dans l'immolation grandissoit fécondée,
Et, devant Dieu, bravoit les païennes fureurs.

Contemplons ce grand Dieu lui-même
Exerçant son pouvoir suprême ;
Il fait les rois, il les défait.
Mais David, couronné de son double forfait,
Règne encor meurtrier, règne encore adultère ;
Le royal pénitent se courbe vers la terre,
Il l'arrose de pleurs !... le Ciel est satisfait.

A cette divine justice
Faut-il préférer le caprice
Et la révolte d'Israël ?...
Et toi qui, tantôt, suis un despote à l'autel,
Tantôt d'un régicide évoques la mémoire,
Aujourd'hui de *Juillet* tu célèbres la gloire !...
Que feras-tu demain ? réponds, juge mortel !

Hélas ! tu flottes sans boussole
Sur l'abîme de ta parole,
Quand elle déserte les cieux
Et roule à terre au gré des vents audacieux !
Remonte, aigle sublime, aux champs de la lumière,
Il ne t'appartient pas d'embrasser la poussière,
Elle souille ton aile, elle aveugle tes yeux.

(Avril 1842.)

QUATRIÈME DOLÉANCE

Revenu à Paris, le père Lacordaire osa formuler, dans la séance du *Cercle catholique* du 23 avril 1842, une doctrine fatale. Suivant lui, les querelles dynastiques, et en particulier *les luttes de branche à branche,* sont des intérêts purement transitoires qui ne retentissent pas hors de leur époque.

« Qui se souvient aujourd'hui, ajoutoit-il, des querelles de la *rose rouge* et de la *rose blanche* ? L'Église seule demeure inébranlable et vivante à travers les siècles. »

Il ne craignoit pas non plus de mettre entièrement sur le compte de la Providence les bouleversements d'empires, oubliant toujours qu'elle les tolère sans les absoudre. Il ne vouloit pas qu'il fût possible *de déterminer la limite, de fixer le point précis où le droit finit et le droit commence.*

Dans ce système, les règles de la justice sont destituées de leur plus solennelle application ; les peuples et les rois en sont frustrés, et la probité publique n'est plus qu'une réminiscence du vieux temps où elle triomphoit. Il étoit donc nécessaire de relever et d'accuser hautement cette désastreuse erreur (1).

La nouvelle audace du père Lacordaire devenoit plus retentissante encore que ses autres témérités. Toute la presse en étoit grandement émue. L'*Union*, qui, comme on le sait, portoit alors un autre titre, rendant compte de la séance, le 28 avril 1842, avoit gémi de cette espèce de scandale, et, dès le lendemain, elle recevoit de l'un des nombreux auditeurs, l'honorable M. Poujoulat, une lettre contenant des explications qu'elle publioit aussitôt et dont il est bon de donner ici un extrait.

« .... Les phrases que rapporte la *Quotidienne*, me paroissent exactes. Le dominicain voyageur a fait bon marché des dynasties, mais il a parlé énergiquement aussi de *la lâche adoration du fait accompli*. Notre surprise inquiète a vu ce brillant esprit rouler de contradictions en contradictions. La presse la plus audacieuse n'a jamais rien débité de pareil depuis douze ans ; et la chaleureuse confiance du père Lacordaire sembloit

____

(1) M. de Montalembert en est le complice quand il ose dire du père Lacordaire (page 191) : « Comme la plupart des *vrais libéraux* il étoit assez INDIFFÉRENT *aux questions dynastiques*, et même jusqu'à un certain point aux formes gouvernementales. Ainsi, suivant eux, le *vrai libéralisme* c'est, sinon le mépris, au moins l'*indifférence* envers le droit.

affronter tout à la fois les foudres de la Papauté et de la Royauté. Je crois pouvoir vous certifier, Monsieur le rédacteur, que M. Rendu (président) a été sur le point d'interrompre l'orateur et de lever la séance. Le discours du père Lacordaire n'a été ni un programme, ni une profession de foi au nom d'une société naissante. On s'attendoit à quelques mots d'encouragement religieux ; on s'est trouvé tout à coup en face d'une *ardeur savonarole,* armée de toute la séduction du talent. Il seroit à désirer, dans l'intérêt de cette riche intelligence, qu'elle voulût bien sortir des rêves démocratiques et reconnoître les vérités publiques. Lorsqu'on a pour mission d'être utile aux hommes, le premier devoir est de ne point les flatter avec des chimères. »

Ce langage franc d'une voix connue étoit déjà une haute leçon.

Avec le père Lacordaire, avec ce génie ardent, mais, heureusement, aussi humble que téméraire, il s'agissoit donc en ce temps-là, et on l'a très-bien compris, moins de raisonner, que d'impressionner, et parfois violemment. C'est pourquoi je n'ai pas craint, dans cette quatrième et dernière doléance, de lui infliger, sous l'inspiration des alarmes d'un illustre écrivain, le nom de *nouveau savonarole;* car s'il pouvoit se glorifier de ce parallèle, dans les plus nobles traits, il devoit frémir, non par effroi de cœur, mais par effroi de conscience, d'arriver à une trop parfaite ressemblance. Le dominicain de Paris admiroit sans doute le dominicain de Florence; il se seroit fait volontiers son panégyriste, mais point assurément son imitateur en toutes choses : il eût tremblé dans l'exercice d'un pouvoir politique et d'un droit quelconque de vie et de mort, comme il eût tremblé devant une excommunication solennelle, de quelque main qu'elle fût tombée sur sa tête ; et à la notification qui l'eût déclaré hors de l'*Église mili- tante,* son humble foi n'eût jamais répondu avec Savo- narole : *J'appartiens déjà à l'Eglise triomphante !* Mais, comme lui, et plus vite que lui, il auroit accepté l'absolution pontificale, à l'approche du moment suprême. Enfin, pour éliminer entièrement l'idée du parallèle, disons que le dominicain du quinzième siècle n'a pas à tous les yeux la couronne du martyre; mais que le dominicain du dix-neuvième siècle, sauf quelques restes d'erreurs politiques, apparoît à la dernière phase de sa carrière et sur son lit de mort, avec une auréole sans nuage.

Dans la biographie de 1847, M. Lorain ne par- donne pas à quelques auteurs *irréligieux* d'avoir comparé Lacordaire à Savonarole. Mais il ne dit rien des auteurs catholiques qui ont fait allusion aux traits de ressemblance dont je viens de parler, et où je dis- tingue avec soin la part respective des deux célèbres dominicains. Je suis donc étranger, de même que M. Poujoulat, aux plaintes du biographe ; et c'est une raison de plus pour reproduire ici les observations de cette biographie, encore bien qu'elles aient rémé- moré sur le dominicain de Florence un problème historique dont elles ne donnent pas le dernier mot.

« Des écrivains politiques, dynastiques ou non dynastiques, *ensevelis dans leurs préjugés irréligieux,* dit M. Lorain, page 72, se sont effrayés d'une robe monastique. Ils ont redouté dans l'orateur sacré le tribun catholique, la pente démocratique de l'esprit du père Lacordaire ; et craignant sur les sentiments populaires l'effet puissant d'une langue libre et chrétienne, ils ont voulu le déraciner et le calomnier en le nommant un *nouveau Savonarole.* Ils ont cru l'attaquer ainsi ; ils l'ont encore loué en effet. Peut-être ignoroient-ils que le fameux Savonarole ne fut pas seulement un grand orateur chrétien et populaire, mais qu'il fut aussi un controversiste admirable, un philosophe habile, un publiciste éminent. Peut-être ignoroient-ils que ce grand politique, l'ennemi et le réformateur de la corruption de son temps, l'ami de Michel-Ange et de la plupart des hommes illustres du XVe siècle, avoit donné à Florence une constitution fort remarquable, dans laquelle l'élément populaire et l'élément aristocratique étoient pondérés et menagés avec autant de modération que de sagesse ; et que s'il mourut enfin victime calomniée des dissensions civiles, son supplice fut un supplice tout politique ; effet trop ordinaire de l'aveuglement et des passions des partis, illustre et triste holocauste offert à l'élévation croissante des Médicis, et à la prédominance monarchique qui alloit étouffer, à la fin du XVe siècle, les libertés orageuses des républiques italiennes. »

Plus on voudroit, comme M. Lorain, admirer et

innocenter Savonarole, plus le parallèle du grand homme avec Lacordaire seroit acceptable. Mais il suffit d'avoir fait ressortir les contrastes, pour circonscrire judicieusement toute comparaison. Au surplus la vocation d'aucun dominicain ne sauroit être de diriger les révolutions, ni de donner des constitutions politiques, moins encore d'exercer le pouvoir souverain, surtout avec le droit de vie et de mort! Prêcher contre la corruption du siècle, arriver ainsi à la sainte réforme des mœurs, et faire bénir partout la lumière de Dieu, n'est-ce pas un assez beau rôle? et que faut-il de plus au zèle du prêtre et aux ardeurs du prosélytisme?

AU R. P. LACORDAIRE

Oui, quand les royautés tombent en décadence,
Laissant partout le deuil et le chaos partout,
L'Église dans sa force et son indépendance,
    Seconde providence,
    Reste seule debout.

Souvent tu la redis cette longue victoire,
Où la voix du passé raconte l'avenir,
Où l'univers s'éclaire au flambeau de l'histoire,
    Et n'a besoin pour croire
    Que de se souvenir.

Mais tu ne parles plus de ces règles divines
Qui du peuple et des rois ont enchaîné le sort,
Dans les mêmes grandeurs et les mêmes ruines,
Comme l'arbre aux racines,
A la vie, à la mort.

Dans le vaste incendie où sont réduits en poudre
Les trônes, vieux abris des saintes libertés,
Tu vois l'œuvre de l'homme, et pressé de l'absoudre,
Tu dis : J'entends la foudre !
Les cieux sont irrités !

Sache donc reconnoître, à sa marche constante,
La révolte, brisant d'abord les rois mortels,
Puis, dans des cris de rage et des flots d'épouvante,
Portant sa main sanglante
Sur le Roi des autels.

Lorsque la même ligue, audacieuse, impie,
Sur les débris des croix, des temples, des palais,
Va comme dans son lit se coucher assoupie,
Est-ce ainsi qu'elle expie
L'éclat de ses forfaits ?

Ou, lorsque, fatigués de recourir aux armes
Ses hypocrites chefs viennent en sa faveur
Mendier un baptême, avec de fausses larmes,
  Faut-il de leurs alarmes
  Agréer la ferveur ?

Jadis les cris, les pleurs, la cendre, le cilice,
Annonçoient le remords des peuples à genoux,
Et leur vie au Seigneur offerte en sacrifice
  Du feu de sa justice
  Éteignoit le courroux.

Aujourd'hui, tu prétends, nouveau Savonarole,
De la rébellion sanctifier l'orgueil,
Et, contempteur des droits qu'elle hait, qu'elle immole,
  Au joug de ta parole
  Tu veux ployer le deuil !

Au légitime éclat des têtes couronnées
Tu viens de proclamer ton infaillible adieu :
Car, — tu l'as décidé ! — les royales lignées,
  De l'homme abandonnées,
  Le sont aussi de Dieu.

Lui le Dieu trois fois saint de la sainte morale,
Aux coupables mortels soumettant ses décrets,
Consacreroit ainsi les règnes de scandale
    Où la fraude s'étale
    Sans honte et sans regrets !

Gloire à son bras vengeur !... tremblez ! il vous protége,
Vous que la félonie a mis sur le pavois,
Vous fléaux triomphans du peuple sacrilége
    Tombé lui-même au piége
    Qu'il tendoit à ses rois !

Si le supplice est long, tant mieux pour les victimes !
Les immolations enfantent les élus,
Tandis que par torrens la fortune des crimes
    Roule dans les abîmes
    Et n'en sortira plus !

Vers la même époque, bien des fléaux donnoient aux peuples de terribles enseignements : le choléra, l'incendie d'une ville hanséatique, les tremblements de terre d'Haïti, le désastre inaugurant la voie ferrée de Versailles où périt, dans les flammes, le célèbre navigateur Dumont-d'Urville, qui deux fois avoit parcouru toutes les mers et dont le nom se rattachoit si tristement au navire qui jeta dans l'exil trois générations de rois ; enfin, et partout, un nombre considérable de victimes : quels sujets de méditations ! Et ce n'étoit pas tout. Bientôt une catastrophe nouvelle épouvanta la France et les palais usurpés ; elle vient donc couronner encore ici tous les deuils et toutes les larmes de ce malheureux temps.

Nos lamentations sur un pareil drame alloient à l'adresse du père Lacordaire. Mieux que personne, il a dû en interpréter le sens prophétique, et y retrouver la verge de Moïse étendue sur Pharaon.

Le fils aîné de Louis-Philippe, tombant de son char sur le pavé du *chemin de la Révolte,* entre le château de Neuilly et l'avenue des Tuileries, fut transporté mourant dans la *boutique* de l'un de ces ouvriers au nom desquels l'insurrection de juillet, armée du pavé des rues, avoit triomphé ; et c'est là que toute la famille royale vint, éperdue, chercher et suivre à pied la funèbre civière !... *et nunc, reges, intelligite !...*

Mais en face de la mort la prière doit s'élever, avec l'espérance du salut, au-dessus de tous les funestes souvenirs.

LAMENTATION

SUR

LA CATASTROPHE

DU 13 JUILLET 1842

De la tempête qui dévore
Entendez-vous la grande voix?...
Vous qui pleurez, pleurez encore,
Ce n'est point la dernière fois !
Malheur à vous ! le temps des crimes
Est aussi le temps des victimes :
Pleurez, pleurez, Peuples et Rois.

Que la terre soit étonnée
Des torrens sortis de vos yeux ;
Que cette source infortunée
L'abreuve plus que l'eau des cieux ;
Car la mort, dans sa nouvelle ère,
Nous jette des flots de colère
Inconnus à tous nos aïeux.

Jamais, d'une voix plus tonnante,
L'univers fut-il averti ?
Quelle trinité d'épouvante,
Versailles ! Hambourg ! Haïti !
Et faut-il qu'un écho réponde
Un cri plus fort au deuil du monde ?
Écoutez : il a retenti !

Sur le chemin de la Révolte
La mort a redoublé son glas,
Et, d'un seul coup, elle récolte
Les cyprès de mille trépas.
Elle a fait, de ses mains trop sûres,
Un diadème de blessures
Au front qui ne règnera pas.

Tout brillant de son espérance,
Le fils d'un père couronné
Touchoit presque au trône de France
Pour lequel il n'étoit pas né !
Et de son char voilà qu'il tombe !
Et le pavé devient sa tombe !
Et tout un peuple est consterné !

Et sur la funèbre civière,
A l'enseigne de l'ouvrier,
D'un palais la famille entière
Se précipite et veut prier ;
Et, sur la poussière sanglante,
Leur infortune se lamente ;
Et la mort les laisse crier.

Hélas ! le Prêtre qui console
S'épuise en efforts superflus
Pour échanger une parole
Avec celui qui n'en a plus !
Mais, si la prière l'éveille,
Le cœur entend mieux que l'oreille,
Et l'agonie a ses élus.

Oui ! dans la mort il peut revivre
Plus royal aux yeux de la foi,
Ce Prince que le Ciel délivre
De l'espérance d'être roi !
Moins heureuse eût été sa vie :
Puisse-t-elle n'être ravie,
Mon Dieu, que pour s'unir à toi !

Sur d'autres deuils, sur d'autres larmes,
Nul ne peut nous interroger.
Mais aux cœurs grands dans les alarmes,
A leur angoisse, à leur danger,
A la fièvre qui les consume,
A cet océan d'amertume,
Qui donc peut rester étranger?

Et, dans quel abandon sublime,
De leur règne oubliant l'orgueil,
Sous la foudre qui les abîme,
Ils vont à pied suivre un cercueil !...
Et maintenant, Rois de la terre,
Dans une terreur salutaire,
Instruisez-vous ! voyez l'écueil !

Et toi, Peuple, toi qui t'apprêtes
Au triomphe d'un souvenir,
Que vas-tu faire de tes fêtes?.....
Dans la mort elles vont finir !
Le triste Juillet sur ses fastes
Inscrit déjà des jours néfastes,
Sans compter les jours à venir.

Ceux qui n'ont point voulu pour maître
Joas affranchi du berceau,
A des langes bientôt peut-être
Uniront le royal bandeau.
Tôt ou tard (sachez le comprendre!)
De la grandeur il faut descendre ;
Le trône est lui-même un tombeau.

Ainsi s'en va la gloire humaine ;
Et l'ange de Cambrai l'a dit :
« L'homme s'agite, Dieu le mène. »
En un seul mot, tout est prédit.
Dieu frappe celui qui s'élève,
Celui qui tombe, il le relève,
Celui qui juge, il le maudit.

Ah ! sur le pavé de ses temples
Pleurons tous au pied des autels.
Vous-mêmes, par de saints exemples,
Convertissez-vous, dieux mortels !
Que la vertu chasse les vices
Et que le règne des justices,
Annonce les jours éternels.

Jusque-là, Puissance éphémère,
Vous bâtirez sur le néant ;
Vous tomberez, comme naguère
On a vu tomber un géant.
N'espérez plus en vos murailles ;
Mais, aux lueurs des funérailles,
Le gouffre est là, toujours béant !

Cette lamentation est devenue presque une prophétie ; et ce n'est pas la vaine présomption, mais
c'est la foi qui a le droit d'en recueillir le témoignage ;
car la poésie, même au degré le plus foible, doit
uniquement servir à la gloire de Dieu et de sa Providence, dans les grandes et les humbles choses, et
mieux encore au milieu des prodiges destinés au
salut des peuples. Or, l'œuvre qui précède a ramené
son auteur à une tâche tellement effrayante qu'il
l'avoit abandonnée dès le premier chant, comme il
s'en étoit expliqué avec tant de regret dans le *Souvenir du Ciel*, en y faisant ses adieux à l'héroïne
de la France ! il ne l'a tentée de nouveau que sur les
instances renouvelées à propos de cette même lamentation, et c'est à la fin de son labeur, ainsi ranimé,
et en adressant au père Lacordaire le poëme de
Jeanne-d'Arc, qu'il a eu le bonheur de retrouver
entièrement et pour toujours son jeune ami, comme
on le saura tout à l'heure. Il ne pouvoit avoir une
meilleure médiatrice. Là, de même que dans tous ses
travaux littéraires, il croit être resté fidèle à la sainte
vocation de toute poésie. L'œuvre commence et finit
par le cri de Gloire a Dieu! Là encore, dans un sujet
dont le titre seul est la condamnation de bien des
énormités contemporaines, il a naturellement célébré
l'inviolable droit, et il a eu partout pour complices et
la vraie France, et son ange libérateur.

Sous le règne de l'usurpation (1844), l'interrogatoire de Jeanne publioit, avec bien d'autres réponses, celle relative à la prophétie de ses voix, et dont voici quelques mots :

« Cet oracle, il est vrai, regarde ma patrie,
Son roi victorieux et sa reine chérie,
Et les futurs destins de Louis d'Orléans....
Et puis, dans à peu près la moitié de mille ans,
Le sanglant avenir où deux branches royales,
A la honte de l'une, apparoîtront rivales....
Mais sachez seulement qu'au sang de saint Louis
Si quelque impur rameau déshonore les lis,
En vain il étendra l'orgueil de son feuillage,
Mutilé, dispersé, par les vents et l'orage.....
— Vous vous égarez, Jeanne !
                    — Ah ! Messire, cessez
De m'en demander plus, si j'en ai dit assez ;
Car, pour approfondir au loin ces destinées,
Il faudroit de longs jours et même des années !
— Expliquez-vous du moins sur nos temps : dites-moi,
L'oracle parle-t-il souvent de votre roi?
— Il lui promet toujours des victoires nouvelles.
Puissé-je le revoir ! Ah ! que n'ai-je des ailes ! »
etc.

L'ouragan de 1848 a donné raison à Jeanne d'Arc; et le surplus de l'oracle est resté dans les mystères de l'avenir, sur lesquels il ne lui a pas été permis d'en dire plus.

LE CHANT DE SALUT

ET

LES CONSOLATIONS

A partir du milieu de l'année 1842, le père Lacordaire impose silence à sa propagande démocratique. Une sage circonspection remplace le bouillonnement de cette *lave révolutionnaire ;* il se prosterne encore devant la Sagesse infaillible , devant l'Encyclique de Grégoire XVI; il reconnoît que la liberté a des limites nécessaires qui ne lui ôtent rien de sa vie et de sa vertu ; liberté du bien , toujours ! — liberté du mal, jamais !

Est-il besoin de dire que les païens eux - mêmes l'entendoient ainsi, et que le droit romain avoit gravé cette maxime dans la *raison écrite* ?

Le libre arbitre dans l'homme est déjà un assez grand danger de perdition, sans admettre encore la complicité des lois humaines contre la loi divine.

Aussi n'avons-nous pas fait au programme de Mgr d'Orléans, dont il est question plus haut (p. 47), l'injure de demander s'il adopte les règles tracées dans la même Encyclique : C'est un évêque qui parle, et il ne peut parler que comme le Pape et avec le Pape, que comme l'Église et avec l'Église.

Ce programme accepté par les deux publicistes amis

(Lacordaire et Montalembert), est donc éclairé au flambeau de la vérité ; il ne sauroit être soustrait à cette lumière ; il y est fixé encore plus, depuis l'assemblée œcuménique du 9 juin dernier, dans laquelle, après avoir condamné de nouveau tant les erreurs contraires à l'*autorité* et aux *droits de toute propriété légitime*, que les *doctrines impies*, Pie IX s'adresse aux trois cents évêques avec lesquels son âme ne faisoit qu'une seule âme inspirée de l'Esprit-Saint, et leur dit : « Pour vous, vénérables Frères, qui êtes le sel de la terre, les gardiens et les pasteurs du troupeau du Seigneur, Nous vous exhortons et Nous vous conjurons, de plus en plus, de continuer avec votre admirable piété et votre zèle épiscopal, ainsi que vous l'avez fait au souverain honneur de votre Ordre, d'éloigner avec un soin et une vigilance extrêmes les fidèles qui vous sont confiés, de ces pâturages empoisonnés, de combattre et de confondre la perversité monstrueuse de ces opinions, tant par la parole que par les écrits !

« Vous savez en effet qu'il s'agit d'intérêts suprêmes, puisqu'il s'agit de la cause de Notre sainte foi, de l'Église catholique, de sa doctrine, du salut des peuples, de la paix et de la tranquillité de la société humaine. C'est pourquoi, autant qu'il est en vous, ne cessez jamais d'éloigner des fidèles la contagion du fléau, c'est-à-dire de détourner de leurs yeux et de leurs mains les livres et les journaux pernicieux ; d'instruire les fidèles des saints préceptes de Notre auguste Religion, de les avertir et de les exhorter à fuir ces docteurs d'iniquité comme on fuit la rencontre du serpent.

« Portez tous vos soins et toutes vos sollicitudes particulières à ce que le Clergé soit saintement et savamment instruit et qu'il brille de toutes les vertus ; que la jeunesse des deux sexes soit formée à l'honnêteté du cœur, à la piété et à toutes les leçons de la sagesse ; que l'ordre des études soit salutaire ; veillez avec une scrupuleuse attention à ce que, dans les lettres et dans les hautes études, rien ne se glisse qui soit contraire à la foi, à la religion et aux bonnes mœurs. Courage ! vénérables Frères, etc. »

Dans leur réponse au Saint-Père, signée par eux dès la veille, les augustes représentants de toute la catholicité, en protestant contre l'usurpation des domaines du Saint-Siége, ont aussi protesté contre la violation des règles de la justice, en ces termes : «Ni les droits permanents des siècles, ni la longue et pacifique possession du pouvoir, ni les traités sanctionnés et garantis par l'autorité de l'Europe entière, n'ont pu empêcher que tout ne fût bouleversé au mépris de toutes les lois sur lesquelles s'appuyoient l'existence et la durée des États.»

Et l'Épiscopat du monde entier donne ainsi son adhésion unanime à la sentence pontificale : « Nous, évêques, afin que l'impiété ne feigne pas de l'ignorer, ni n'ose le nier, nous condamnons les erreurs que vous avez condamnées, nous rejetons et détestons les doctrines nouvelles et étrangères qui se propagent partout au détriment de l'Église de Jésus-Christ ; nous condamnons et réprouvons les sacriléges, les rapines, les violations de l'immunité ecclésiastique, et les autres forfaits commis contre l'Église et le Siége de Pierre.

« Cette protestation, dont nous demandons l'inscription dans les fastes publics de l'Église, nous la proférons en toute sincérité, au nom de nos frères qui sont absents, etc. »

Ah! si Lacordaire eût vécu jusqu'à ces grandes manifestations, qu'il eût été heureux de s'humilier devant de telles paroles! comme il eût déploré plus que jamais les *forfaits* de la révolution italienne; non-seulement dans leur résultat, mais dans leur première origine! Comme il en eût rattaché l'effet à la cause, et surtout à cette *nouvelle ère* dont il a été dupe lui-même! il eût enfin compris les fautes énormes de cette France qu'il a trop caressée; il auroit su lui dire tout ce qu'elle a perdu dans le sang de Louis XVI et de tant d'autres royales victimes; ce qu'elle a délaissé dans les fruits d'une auguste expiation; ce qu'elle a livré aux loups ravissants; quels périls elle a suscités, non pas à elle seule, mais à toute l'Europe, mais encore au Siége Apostolique, en tolérant les anciennes et les nouvelles usurpations, en ouvrant ainsi la porte à tous les abus de la force des armes pour bouleverser, dès longtemps, et les royaumes et les constitutions, souvent même, trop souvent, hélas! à la remorque de cette autre puissance qui n'a de bonheur que dans la perturbation de tous les droits et de tous les peuples (1)!

(1) Et M. de Montalembert n'en admire pas moins le régime anglais!

Mais si l'orateur bien-aimé n'a pas eu la consolation des grands jours qui viennent de luire sur les lois de la justice jusque dans les choses du temps où il a remué lui-même des questions périlleuses, du moins il a eu le bonheur de continuer à répandre les vérités de la foi avec un éclat nouveau, dans la période où son ardeur populaire s'est doucement apaisée.

Qu'il soit donc permis de l'admirer rapidement dans sa carrière oratoire. Mais quelle analyse pourroit valoir la simple préface de sa principale œuvre, de l'œuvre des Conférences? On y voit d'un coup d'œil l'étendue de sa mission, et quand on sait avec quelle ardeur et quelle humilité il l'a remplie, on bénit la Providence et celui qu'elle a envoyé !

Écoutons-le : « Le péché originel a fait à l'homme trois blessures guérissables dès ce monde par l'effet de la Rédemption, savoir : la concupiscence, l'ignorance et l'erreur ; la concupiscence, qui le détache de Dieu en le portant avec frénésie vers tous les objets sensibles ; l'ignorance, qui l'en sépare par les ténèbres qu'elle amasse dans son esprit sur la nature de l'action divine ; l'erreur, qui l'attire et le retient par une fausse lumière loin du centre éclatant de la justice et de la vérité. Ces trois foyers du mal, qui nous sont transmis avec la vie pour être notre épreuve et la source de notre mérite, sont incessamment combattus, au nom de Jésus-Christ, par les Sacrements et la parole dont l'Église catholique est l'active dépositaire...

.... « De là une triple prédication : la prédication

de mœurs, qui combat la concupiscence; la prédication d'enseignement, qui combat l'ignorance; la prédication de controverse, qui combat l'erreur....

« Ces trois prédications sont perpétuelles dans l'Église, parce qu'elle a toujours en sa présence des hommes foibles, des hommes ignorants, des hommes trompés. Mais, à la différence des passions, qui demeurent constamment les mêmes, ou qui du moins ne subissent que d'apparentes modifications, l'ignorance et l'erreur varient presque à l'infini, revêtues tour à tour des habits de la barbarie, de la civilisation, de la décadence, et empruntant aux peuples pour les endormir ou les subjuguer, leur propre tempérament et leur génie natif. C'est l'ancien Serpent de la perdition qui change de couleur au soleil de chaque siècle. Aussi, tandis que la prédication de mœurs ne subit guère que des diversités de style, il faut que la prédication d'enseignement et de controverse, souple autant que l'ignorance, subtile autant que l'erreur, imite leur puissante versatilité, et les pousse, avec des armes sans cesse renouvelées, dans les bras de l'immuable Vérité.

« Les Conférences que nous publions n'appartiennent précisément ni à l'enseignement dogmatique, ni à la controverse pure. Mélange de l'une et de l'autre, de la parole qui instruit et de la parole qui discute, destinées à un pays où l'ignorance religieuse et la culture de l'esprit vont d'un pas égal, nous avons essayé d'y parler des choses divines dans une langue qui allât au cœur et à la situation de nos contempo-

rains. Dieu nous avoit préparé à cette tâche en permettant que nous vécussions d'assez longues années
dans l'oubli de son amour, emporté dans ces mêmes
voies qu'il nous destinoit à reprendre un jour dans
un sens opposé ; en sorte qu'il ne nous a fallu, pour
parler comme nous l'avons fait, qu'un peu de
mémoire et d'oreille, et que nous tenir, dans le lointain de nous-même, *en unisson avec un siècle dont
nous avions tout aimé* (1). De là, je le présume, les
sympathies qu'on nous a prodiguées, et aussi les
voix accusatrices qui nous ont poursuivi. Les uns
nous ont traité comme un frère aventuré dans les
régions de la foi, les autres comme un frère perdu
dans les ressouvenirs du monde. Nous avons tâché
d'être doux envers les uns comme envers les autres ;

(1) Le père Lacordaire parle ici d'un passé dont il a depuis
abjuré l'erreur ; mais son premier biographe le fait parler d'un
siècle *dont il a tout aimé*, et non pas *dont il avoit tout aimé*,
ce qui est fort différent. Cette inadvertance a causé la mienne,
p. 59, et elle a donné lieu, p. 61 et suiv., à l'examen de conscience du xixe siècle et de son *nouveau régime*. — Au surplus,
je ne regrette pas la méprise qui a provoqué cet examen ; elle peut
produire d'heureux fruits dans les cœurs droits.

A cette annotation vient se joindre une remarque essentielle
ici pour la mémoire de Lacordaire. J'avois dit de lui, dans ma
notice de 1841, que quand mon jeune ami me provoquoit sur des
questions religieuses, il avoit une admirable manière de discuter,
qu'il s'oublioit tout à fait lui-même pour chercher la vérité seule ;
et j'ajoutois : « C'est que la pureté de sa vie ne lui donnoit aucun
intérêt contraire. » J'avois donc deviné dans la parfaite décence
de ses mœurs et de ses habitudes, le témoignage qu'il se rendoit
dans l'intimité et dont MM. Lorain et Montalembert rappellent les
termes : *Je suis rassasié de tout, sans avoir rien connu.*

envers le succès comme envers l'humiliation. Dieu, qui est le juge des cœurs, nous a soutenu.

« On a demandé quel étoit le but pratique de ces Conférences. Quel est, a-t-on dit, le but de cette parole singulière, moitié religieuse, moitié philosophique, qui affirme et qui débat, et qui semble se jouer sur les confins du ciel et de la terre ! Son but, son but unique, quoique souvent elle ait atteint par de là, c'est de préparer les âmes à la foi, parce que la foi est le principe de l'espérance, de la charité et du salut, et que ce principe, affoibli en France par soixante ans d'une littérature corruptrice, aspire à y renaître et ne demande que l'ébranlement d'une parole amie, d'une parole qui supplie plus qu'elle ne commande, qui épargne plus qu'elle ne frappe, qui entr'ouvre l'horizon plus qu'elle ne le déchire, qui traite enfin avec l'intelligence et lui ménage la lumière comme on ménage la vie à un être malade et tendrement aimé. Si ce but n'est pas pratique, qu'est-ce qui le sera sur la terre ? Pour nous, qui avons connu la douleur et le charme de l'incrédulité, quand nous avons versé une seule goutte de foi dans une âme tourmentée de la magie de son absence, nous remercions et bénissons Dieu, et ne l'eussions-nous fait qu'une fois en notre vie, au prix et à la sueur de cent discours, nous remercierions et nous bénirions encore. D'autres, si ce n'est nous, d'autres viendront après : ils feront mûrir l'épi, ils le cueilleront sous leur faucille ; le Seigneur l'a dit : *C'est un autre qui sème, et un autre qui moissonne.* L'Église n'a pas une seule sorte d'ouvriers, elle en a de toute trempe, formés par cet Esprit qui *souffle où il veut,* qui *donne sans mesure,* mais avec *distribution ;* qui fait *les uns apôtres, les autres prophètes, ceux-ci évangélistes, ceux-là pasteurs et docteurs,* afin d'employer *toute sainteté au ministère qui édifie le corps du Christ.*

« Appelé par le choix de deux évêques dans la première chaire de l'Église de France, j'y ai défendu la vérité comme j'ai pu, avec un accent sincère du moins et qui a touché des âmes. Je publie aujourd'hui les paroles que j'y disois. Elles arriveront au lecteur froides et décolorées ; mais quand, au soir de l'automne, les feuilles tombent et gisent par terre, plus d'un regard et plus d'une main les cherchent encore, et fussent-elles dédaignées de tous, le vent peut les emporter et en préparer une couche à quelque pauvre dont la Providence se souvient du haut du ciel. »

Au père Lacordaire, à son humble cœur seul, il étoit permis de craindre que ses paroles arrivassent au lecteur *froides et décolorées.* Si j'ose en juger par moi-même, elles gagnent à la lecture tout ce que pouvoit perdre l'attention entraînée et distraite par le charme de l'éloquence.

Que l'on dise de l'harmonie et de l'action oratoires qu'elles ont un prestige incommunicable à la pensée écrite, que l'éclair électrique d'une foule d'admirations simultanées est à jamais éteint, avec toute la mystérieuse influence des grandes assemblées sur elles-mêmes, au banquet de la parole chrétienne ; cela est évident et se résume à convenir que jamais

un recueil de sermons ou de conférences ne vaut la
prédication orale; mais ces regrets, irréparables dans
le genre où la parole sacrée combat les passions, s'affoi-
blit considérablement dans le genre apologétique, dans
ce genre spécial à l'orateur de Notre-Dame. Là, le cœur
a de l'oreille toujours ouverte; ici, au contraire, l'esprit est souvent en deçà ou au-delà ce qu'il entend. Le
père Lacordaire avoit sans doute, et constamment, un
auditoire d'élite; bien des intelligences marchoient,
dans ses discussions philosophiques, sociales, historiques et religieuses, du même pas avec lui, pen-
soient avec lui, peut-être encore avant lui et après
lui. Mais la masse des auditeurs n'étoit pas toute de
même force; et la lumière distribuée, quelque étin-
celante qu'elle fût, n'avoit pas non plus pour tous,
immédiatement, la splendeur dans laquelle l'esprit
aime à se reposer pleinement et solidement à la fin
de chaque démonstration. Eh bien! ce bonheur de
quiétude éclairée se retrouve tout entier dans les
pages monumentales que le père Lacordaire a léguées
à la postérité et qui seront son immortelle couronne.
Aussi, et sauf toujours le charme de la voix et du
geste qui achève la parole, rien non plus n'y a péri de
ces traits et de ces mouvements victorieux dont l'imprévu doubloit l'énergie, soit qu'ils fussent ménagés à
dessein, soit que l'inspiration soudaine les prodiguât
libéralement au grand improvisateur.

Son admirable œuvre des Conférences débute en
démontrant la nécessité d'une *Église destinée à l'enseignement universel et perpétuel du genre humain;*

et dès l'abord il s'humilie en disant : « ... N'attendez pas, Messieurs, que je vous parle avec art. Si vous êtes venus chercher ici ces vains jeux de la parole, vous vous êtes trompés. Ah ! périsse l'éloquence du temps, je ne demande au Ciel que l'éloquence de l'éternité. Je ne lui demande que la vérité et la charité de Jésus-Christ ; et si le succès de la grâce accompagne ces discours, il prouvera qu'aujourd'hui comme autrefois, Dieu se sert de ce qui est petit pour confondre ce qui est fort. Seigneur ! il y a onze ans, prosterné sur le pavé de cette basilique, je dépouillai les ornements du monde pour revêtir l'habit de vos prêtres ; je venois chercher les biens que vous avez promis à ceux qui vous servent, en attendant que je fusse moi-même envoyé aux autres. Vous m'avez donné ces biens ; faites maintenant que je les communique à mes frères. Venez en aide à votre serviteur, mettez une garde à mes lèvres afin qu'elles soient fidèles à mon cœur, comme mon cœur est fidèle à votre loi. »

Oui, voilà une éloquence digne des intérêts éternels ; et l'orateur peut s'écrier aussitôt : « Pourquoi ai-je pris la parole dans cette enceinte ? Si je jette les yeux autour de moi, je découvre des fronts de tous les âges, des cheveux qui ont blanchi dans les veilles de la science, des visages qui portent la trace de la fatigue des combats, d'autres qu'animent les douces émotions des études littéraires, des jeunes hommes enfin qui viennent de cueillir à peine la troisième fleur de la vie. Assemblée ! assemblée ! dites-moi :

que me demandez-vous? que voulez-vous de moi? la vérité? Vous ne l'avez donc pas en vous, vous la cherchez donc, vous voulez la recevoir, vous êtes venus ici pour être enseignés. »

Aussitôt, il le commence, cet enseignement. Comme son divin Maître, il vient *évangéliser les pauvres.* «Pourquoi les pauvres? Sans doute, parce qu'ils sont le plus grand nombre, et que toutes les âmes étant égales devant Dieu, quand il les pèse dans la balance de l'éternelle justice, l'âme du peuple doit l'emporter; mais aussi, et bien davantage encore, parce que le peuple, dans son impuissance d'apprendre et de savoir, a besoin d'un maître qui le mette en possession de la vérité par un enseignement sans frais et sans périls. »

Combien d'autres classes d'hommes se trouvent, *avec l'orgueil de plus, parmi ces pauvres de l'intelligence que Jésus-Christ est venu évangéliser!*« Car, Messieurs, gardez-vous de prendre dans un sens trop matériel et restreint les termes de l'Évangile. La première indigence est l'indigence de la vérité, comme la première richesse est la richesse de l'âme par la vérité. Et quand l'homme a reconnu son bien, quand il est riche de la vérité, il n'échangeroit pas le sort qu'elle lui a fait contre la fortune des rois.

« Mais, les parts ainsi faites, que reste-t-il donc flottant superbement à la surface de l'humanité, et capable d'user de sa raison pour se reconstruire soi-même? Quelques hommes privilégiés qui ont reçu du Ciel le génie, chose rare; la fortune, chose moins rare, mais qui pourtant l'est aussi; et enfin des dispositions innées à un travail soutenu. Génie, fortune, travail, trois conditions nécessaires pour devenir une intelligence supérieure. Voilà ceux qui pourroient rejeter les idées venues par l'enseignement, pareils à l'aigle qui, prenant son aiglon dans ses serres, s'il voit qu'il ne peut fixer le soleil, le rejette à terre, comme un vil fardeau. Mais ceux-là ont beau faire, la captivité pèse aussi sur leur tête. Ce n'est pas chaque homme seulement qui se trouve enseigné, ce sont encore les nations et les siècles. Après avoir vaincu sa nourrice et ses maîtres, il reste encore à l'homme de génie une autre tâche, celle de vaincre sa nation et son siècle. Le peut-il? cela s'est-il vu? Regardez autour de vous; quel homme, si grand qu'il soit, ne porte pas sur son front le signe de son peuple et le signe de son siècle? Je vous le demande à tous, qui que vous soyez, seriez-vous ce que vous êtes, si vous étiez nés il y a six cents ans? Il y a six cents ans, cette même cathédrale où vous venez entendre la parole divine avec un cœur enflé et comme des juges, cette même cathédrale vous eût vus apporter des pierres dans ses fondements. Si même, sans changer de siècle, vous étiez nés dans telle partie du globe que je pourrois nommer, seriez-vous ce que vous êtes?... Et chose singulière! on se glorifie d'être de son siècle, c'est-à-dire de subir avec conviction les préjugés du temps où l'on vit.

« Pour nous, Chrétiens, délivrés par l'Église, nous ne sommes ni du siècle présent, ni du siècle passé, ni du siècle à venir, nous sommes de l'éternité. Nous ne voulons nous soumettre à l'enseignement ni d'un siècle, ni d'une nation, ni d'un homme, car ces enseignements sont faux, puisqu'ils sont variables et contradictoires....:

« Ne sortons pas de cette capitale ; elle est, dit-on, le chef-lieu de la civilisation humaine. Eh bien ! depuis quatre-vingts ans, comptez les doctrines qui y ont cours, et qui de là se sont répandues sur l'Europe : l'idolâtrie avoit des dieux sans nombre et un Panthéon unique élevé à leur gloire. Mais qui dénombrera les opinions humaines et bâtira un Panthéon assez vaste pour leur donner à toutes un autel et un tombeau ?.....

« Voilà l'état de l'humanité, état d'oppression qui accuse une dégradation irrémédiable ou la nécessité d'un enseignement divin qui protége l'enfance, le peuple, le vulgaire des gens éclairés, et ceux-là mêmes qu'une intelligence plus forte livre à la domination privée de leur orgueil, et n'affranchit pas de la domination publique de leur siècle et de leur nation.

« Oui, la vérité n'est qu'un nom, l'homme n'est qu'un misérable jouet d'opinions qui se succèdent sans fin ; ou bien il doit y avoir sur la terre une autorité divine qui enseigne l'homme, cet être nécessairement enseigné, et nécessairement trompé par l'enseignement de l'homme. Les païens eux-mêmes en avoient senti le besoin ; Platon disoit *qu'il étoit nécessaire qu'un maître vînt du ciel pour instruire l'humanité,* parlant ainsi d'avance comme saint Paul dans sa lettre aux Éphésiens : « Dieu nous a donné des apôtres, des prophètes, des évangélistes, des pasteurs et des docteurs, afin que nous ne soyions pas comme des enfants flottants et emportés à tout vent de doctrine par la malice et l'habileté des hommes qui sèment l'erreur autour de nous.

« Mais à quel signe reconnoîtra-t-on cette autorité tutélaire? comment discernera-t-on la vraie autorité parmi tant de fausses autorités? A un signe, pour ne parler que d'un seul, à un signe aussi éclatant que le soleil, que nulle fausse autorité ne possède, que nulle fausse autorité ne peut contrefaire, le signe de l'universalité, de la catholicité. »

Après avoir ainsi marqué l'Église du sceau de la splendeur, le nouveau prophète trace à grands traits le magnifique tableau de la mission qu'elle remplit dans le monde entier : «Ses apôtres sont dispersés pour la prédication avec cette parole divine : *Je vous envoie comme des agneaux au milieu des loups : ayez la prudence du serpent et la simplicité de la colombe.* Vous le voyez, Messieurs, on ne nous a pas armés comme des guerriers, mais comme des agneaux et des colombes. On nous recommande seulement la prudence, parce que nul n'a le droit de s'en passer au milieu des hommes. La seule vengeance qui nous soit permise par l'Évangile, c'est de secouer la poussière de nos pieds : *excutite pulverem de pedibus vestris.* La poussière, ce qu'il y a de plus foible, de plus inoffensif, ce qui est ici-bas le plus proche de l'anéantissement! Voilà tout ce qui nous est permis : secouer un peu de poussière sur le monde.

« C'est donc la puissance de persuasion qui nous a été donnée. Mais comment?

« La persuasion repose d'abord sur la raison. L'Église doit donc posséder la plus haute raison qui soit sous le ciel. Elle doit être la plus haute puissance métaphysique, la plus haute puissance historique, la plus haute puissance morale, la plus haute puissance sociale. »

Cela dit, l'orateur prend le vol de l'aigle, et s'élançant vers les cieux, il en apporte la réponse à toutes les questions posées.

L'Église, c'est la révélation de tous les mystères dont se composent les destinées humaines : voilà pour la métaphysique.

L'Église, c'est le passé de l'humanité, à partir de la création. Le Juif, l'homme éternel, est toujours là pour dire : C'est vrai, j'y étois : voilà pour l'histoire.

L'Église engendre la chasteté. Là où cette vertu n'est pas, il n'y a que de la boue dans un tombeau. Voilà pour la morale. Et le saint prédicateur s'écrie encore : « Ah! s'il y a ici des hommes qui ne soient point mes frères par la foi, je ne veux qu'invoquer leur conscience, je leur demanderai : Êtes-vous chastes ? La chasteté est la sœur aînée de la vérité. Soyez chastes pendant un an, et je réponds de vous devant Dieu.... »

L'Église enfin est le garant du respect des peuples pour le pouvoir, et de l'amour du prince pour ses peuples. Voilà donc l'intérêt social ; « elle change le maître en père, de sorte que si le père se trompe, les enfants font comme les fils du patriarche, ils couvrent ses fautes du manteau de leur respect. » — Et elle rappelle aux souverains cette parole évangélique : *Que celui qui veut être le premier parmi vous soit votre serviteur.*

Et ce n'est point encore assez pour l'Église de Dieu: « L'histoire ne parle qu'à ceux qui l'ont étudiée ; les idées ne parlent qu'à ceux qui peuvent les comparer; la civilisation n'est appréciable qu'à des hommes civilisés eux-mêmes. Il falloit à l'Église une source de persuasion plus humaine encore, c'est-à-dire plus générale : Dieu donna à son Église la charité. Par la charité, il n'y eut pas de cœur où l'Église ne pût pénétrer ; car le malheur est le roi d'ici bas, et tôt ou tard tout cœur est atteint de son sceptre. On pouvoit résister à la grâce, à la raison, mais qui résistera à la charité? Pourquoi haïr ceux qui font du bien? pourquoi tuer ceux qui donnent leur vie ? Désormais l'Église pouvoit aller avec confiance conquérir l'univers, car il y a des larmes dans tout l'univers, et elles nous sont si naturelles qu'encore qu'il n'y eût pas de cause, elles couleroient sans cause, par le seul charme de cette indéfinissable tristesse dont notre âme est le puits profond et mystérieux. La métaphysique et l'histoire sont les colonnes de la vérité : mais ces colonnes sont cachées dans les fondements du temple; on ne les visite qu'à la lueur des flambeaux et avec des hommes d'élite. Un humble prêtre, un curé de campagne, ne descendra point avec les sciences dans la chaumière du pauvre ; il y descendra avec la charité. Il y trouvera une âme souffrante, et par conséquent ouverte. Et le pauvre, voyant le prêtre venir à lui avec le respect de sa misère et le sentiment de sa douleur, reconnoîtra sans peine la vérité sous les livrées de l'amour.

« Mais tandis que je parle de charité, il me vient un doute : O mon Dieu ! sommes-nous charitables comme nous devrions l'être ? y a-t-il parmi vous, qui êtes jeunes, des âmes ardentes, des âmes tendres pour Dieu et pour le pauvre ? Ne voyez-vous pas qu'autour de vous la douleur augmente, la mesure se comble, et le monde penche vers d'effroyables abîmes ? O mon Dieu, donnez-nous des saints ! il y a si longtemps que nous n'en avons vu ! il y en avoit tant autrefois ! faites qu'il en renaisse de leurs cendres : *exoriare aliquis ex ossibus.*

« L'Église, Messieurs, ainsi armée de la raison et de l'amour, de la plus haute raison et du plus fort amour, que peut-on contre elle ? On ne peut que la laisser libre, la protéger ou la persécuter.

« Si on la laisse libre, elle développera tous ses moyens ; elle gagnera d'abord une âme, puis une autre âme ; elle s'étendra jusqu'à ce que les princes de la terre, étonnés, se regardent en disant : Quelle est cette puissance qui remplit tout, nos villes, nos campagnes, nos places publiques, et qui va nous laisser solitaires dans nos palais ? Et les princes choisissent entre ces deux partis : protéger cette Église, ou la persécuter.

« Si l'Église est protégée, comme au temps de Constantin, c'est une force ajoutée à une autre force ; le manteau impérial étendu sur l'Église ne peut lui faire de honte et peut lui faire du bien.

« Si, au contraire, on la persécute, alors c'est le beau moment ! c'est celui que Dieu permit au temps des martyrs, c'est celui qu'il permet encore quand l'Église est endormie. Savez-vous ce que disoit sur son lit de mort le fondateur du dernier grand Ordre religieux, saint Ignace, à ses disciples inquiets, qui lui demandoient : « Père, ne nous souhaitez-vous rien ? — Mes enfants, leur dit-il, je vous souhaite des persécutions. » La persécution ! voilà d'où nous sommes venus, c'est notre berceau. Moi-même, je suis sorti du sang pour vous parler. Où serois-je, si le dix-huitième siècle nous avoit continué sa paix ? mais la persécution est venue, et maintenant, si l'on nous cherche, nous vivons, nous voici ! »

Cet extrait de quelques conférences sur l'Église, où l'on voit transpirer le cœur du père Lacordaire, nous donne ici, et il le falloit, un souvenir vivant de son génie oratoire, du cercle immense qu'il parcouroit, de la spontanéité de ses inspirations au milieu du discours médité, de l'originalité, de la franchise, de la vigueur de son style, enfin de l'impérissable éclat de cette parole, presque toujours simple jusque dans sa splendeur.

Une si longue citation a un autre but, c'est de répondre, preuve en main, à un homme que son mérite supérieur, comme écrivain, et comme philosophe religieux, n'a pas arrêté dans une critique tellement outrée des œuvres de l'illustre mort, qu'elle va jusqu'à provoquer des doutes sur la candeur et l'humilité où je trouve sa gloire.

M. Ernest Hello est précisément, comme il nous le dit lui-même, l'un des jeunes auditeurs que les Conférences ont ramenés à Dieu. Voici comment, à quinze ans d'intervalle, il parle aujourd'hui de l'éloquent dominicain : « Ses qualités étoient essentiellement les qualités de l'orateur : l'imprévu et le volte-face. Il écoutoit la respiration des auditeurs, et s'il ne sentoit pas dans leur souffle sa victoire, il grandissoit devant l'obstacle et emportoit la place au lieu d'en faire le siége. Dans son cabinet, où ne passoient plus les mêmes brises, le père Lacordaire ne savoit plus dégager de son âme les mêmes parfums. A Notre-Dame, les digressions de l'orateur n'étoient pas seulement pardonnées; elles étoient recherchées et admirées. Le plus souvent même c'étoit la digression qui faisoit le succès du discours. Maintenant..... cette parole a perdu la vie; elle a gardé seulement la vivacité. Ce qui nous paroissoit ressembler à l'Océan, ressemble à une cascade. Ces soubresauts, ces accidents, ces paillettes étincelantes, ces hardiesses un peu affectées, ces volte-face, toutes ces tentatives d'étrangeté, sont froides à la lecture. »

J'interromps un moment l'Aristarque, et, dans les premières pages que j'ai citées sur l'Église, je lui montre une réponse catégorique à son implacable jugement ; et Dieu merci , elle n'est pas la seule : toutes les Conférences sont pleines de ces larges tableaux, de ces puissantes discussions, de ces inspirations divines qui ressemblent presque à de l'intuition. Je demande donc comment il se fait que l'impression soit si différente et sur le cœur et sur l'esprit de plusieurs, à la lecture des Conférences ? A part les louanges de bien d'autres juges, ne pouvant plus entendre l'orateur, je le lis et le relis toujours avec de nouvelles émotions ; et, malgré le dernier déclin de l'âge, il m'arrive souvent, très-souvent, des élans d'admiration qui ne me permettent pas de rester en place, qui m'emportent bien loin, et vont jusqu'aux larmes. Et pourtant les larmes ne sont guère le fait du père Lacordaire ; et s'il a dit , avant de redevenir chrétien : *Je ne sais pas , comme Sterne, pleurer devant des témoins ; j'ai honte des larmes !* il n'a pas beaucoup pleuré non plus dans la chaire sacrée ; à la différence du plus célèbre de ses émules survivants dont j'ai vu les yeux ruisseler comme une source devant ses auditeurs ! Ainsi , non-seulement les *grandes pensées viennent du cœur*, mais elles entrent aussi dans les cœurs comme dans les intelligences. Cela suffit contre la première critique. Les autres sont pareillement erronées ou pour le moins exagérées. Je n'en rappelle qu'une : M. Hello refuse au style du père Lacordaire *la simplicité.*

« La simplicité, dit-il, est la substance des beautés éternelles. La simplicité est la loyauté de la magnificence. C'est la simplicité qui nous garantit contre les illusions que l'éclat peut nous faire : c'est la simplicité de la spendeur qui lui mérite notre confiance. La simplicité est la vertu du style. C'est la simplicité qui élève entre la parole et la rhétorique un mur infranchissable, un mur de feu et de glace. Or, le style du père Lacordaire est absolument dépourvu de simplicité. Ce style vise à l'effet : aussi je lui accorde l'éclat, je lui refuse la magnificence qui suppose l'oubli de soi. Si je disois de ce style qu'il a de l'amour-propre, je traduirois singulièrement, mais très-fidèlement ma pensée. Ce style pense continuellement à lui : il pense à ses attitudes, à sa toilette, à l'impression qu'il produit ; il est sautillant, leste, agaçant, provoquant. Le mouvement est rapide, mais les vagues sont courtes, etc. »

Si l'on rapproche cette sentence avec la peinture que l'auteur fait des émotions qui circuloient autour de la chaire de Notre-Dame, le reproche devient plus grave encore : « Quand l'orateur ouvroit la bouche nous interrogions ses premières paroles et ses premiers regards, pour mesurer son ardeur et attendre ses éclats. Quelquefois l'effet étoit grand. A la fin de la période ; dans les principaux passages du discours, la voix du père Lacordaire éclatoit en se déchirant comme une grenade qui s'ouvre. L'auditoire frémissoit longuement, et l'orateur gardoit le silence et attendoit, en se reposant, que la fin de son triomphe lui permît de reprendre la parole. Le discours ressembloit à un dialogue, tant l'auditoire répondoit ! la cathédrale étoit en fête.

Le caractère précis du père Lacordaire, c'est l'originalité. Il ne ressembloit à aucun autre orateur (1).»

Ces derniers mots sont une nouvelle réponse à la censure par la censure elle-même, et elle est péremptoire. L'originalité qui vous frappe, c'est ce qui, sous une autre face, vous paroît la *coquetterie*, *l'amour-propre* du style, tandis qu'elle en est la nature, la forme essentielle et inséparable. Élevez-vous plus haut, écoutez l'âme, le cœur, le génie de l'orateur, et vous verrez mieux la franche et toujours pieuse inspiration qui le travaille, qui le remue, qui le ravit avec vous, et qui brise tous les obstacles dans cette victoire si bien dépeinte par vous même comme substituée au siége de la place et qui l'emporte d'assaut.

Il attendoit, dites-vous encore, *il attendoit, en se reposant, que la fin de son triomphe lui permît de reprendre la parole.* Sans doute ; et il n'est pas le seul orateur chrétien à qui ce silence et ce repos aient été parfois imposés. C'est alors qu'un saint est sujet comme tout autre à la tentation. C'est alors qu'un Chrysostome, la bouche d'or, s'humilie sous les applaudissements. C'est alors qu'un Bourdaloue réplique au flatteur : *Le diable me l'a dit avant vous !* Mais c'est alors aussi qu'une voix du ciel se fait entendre au cœur humble, et que le Christ se complait lui-même à encourager son prophète, comme il l'a fait pour les hymnes en l'honneur de son adorable Sacrement :

______

(1) *Revue du Monde Catholique*, tom. II, pag. 505.

bene dixisti, *Thomas !* et s'il lui offre de choisir sa récompense, le poëte sacré lui répond : C'est vous, Seigneur, qui êtes ma récompense, c'est vous seul !

Ainsi en étoit-il de l'orateur de Notre-Dame, en attendant la fin de son triomphe, ou pour parler plus dignement, la fin du triomphe de la vérité par l'éloquence qu'elle inspire elle-même.

Et lui, le saint prêtre, c'est en parlant de la lutte du bien et du mal, c'est en rappelant qu'il n'y a *ni paix dans le crime, ni paix totale dans la vertu*, qu'il signale ainsi le tourment de la tentation : « Chaque heure combat chaque heure, chaque minute combat chaque minute, chaque pensée combat chaque pensée, » et il s'écrie : «Cette image que je trace, dites, n'est-ce pas vous? ai-je menti? non, je n'ai pas menti ! »

C'en est assez : néanmoins la suite des paroles de l'orateur va si bien encore à la réfutation de la critique, et sous tous les rapports, qu'on ne résiste pas au désir de cette seconde preuve, entre mille autres. « Mais, continue-t-il, après ces incertitudes de l'intelligence et du cœur, pourrai-je trouver au moins quelque consistance dans le reste? il semble que Dieu ait fait un miracle pour qu'il n'en fût pas ainsi. Notre âme incorruptible, Dieu l'a unie à un corps, comme si nous ne devions être seuls d'aucun côté; il l'a unie à un corps qui meurt chaque jour et lutte contre sa vie immortelle. Et, ce qui est effrayant, c'est que la mort doit triompher; à la fin elle vaincra, du moins à l'extérieur; car pour nous chrétiens, le moment de la mort, c'est le triomphe de l'âme et de l'immortalité. A ce moment suprême, se reproduit plus forte, plus pressante que jamais, la question du bien et du mal. Mais du moins, au delà de ce moment, est-ce fini ? Grand Dieu ! est-ce fini ?

« Au de là, non, ce n'est pas fini.

« Jusqu'ici nous n'avons assisté qu'à un spectacle passager : c'est un combat qui a ses intervalles de repos, c'est un champ de bataille sur lequel le soleil se lève et se couche. Mais, après ce moment où il semble que les éléments du bien et du mal ont dû se diviser, ah! j'aperçois l'abîme qui s'agrandit, il semble qu'il ne fasse que de commencer. Je vois le toujours de l'être et le toujours du néant, une vie éternelle ou une mort éternelle. On jettera, comme dit Pascal, un peu de poussière sur votre tête, et ce sera pour jamais. Pour jamais vous attendent les vers du sépulcre, ou pour jamais une transformation glorieuse. Je parle ici en philosophe; car, comme chrétien, je sais que tous vivront éternellement. Mais dans le christianisme lui-même, l'ordre final se compose d'une vie et d'une mort éternelles, parce qu'il y a une vie qui est une mort. Et ainsi, soit que nous pensions en chrétiens ou en philosophes, nous apercevons toujours au delà du tombeau le bien et le mal sans mesure. Voilà l'homme (1) ! »

Non, non, le style du père Lacordaire n'a ni la *toilette*, ni le ton de l'*amour-propre*. La *toilette* dans

____

(1) VIIIᵉ Conférence de Notre-Dame de Paris.

un auteur essentiellement original, et avec un grand mais humble génie! y pensez-vous? la *toilette* dans une franche improvisation! est-ce possible? l'*amour-propre*, dans la langue de l'éternité! quel contre-sens!

M. Hello dira-t-il qu'il a cité des exemples et qu'il faudroit les discuter avec lui; ce n'est pas ici le lieu, cela nous mèneroit trop loin. Un seul suffira pour lui faire regretter la précipitation de ses jugements :

Il rappelle le tableau que le père Lacordaire a tracé de la *Vie intime* de Notre-Seigneur, et qui se termine ainsi : « Aucune vie d'ici-bas ne présente un tel tissu de lumière et d'amour. Chaque parole de Jésus-Christ est un accent de tendresse et une révélation sublime; au même moment où il nous ouvre l'infini par son regard, il nous presse de ses deux bras sur son sein : on croit s'envoler par la pensée, on est retenu par la charité. »

« Ce dernier mot, reprend le critique, mériteroit à lui seul un commentaire. On diroit vraiment que la charité est une chaîne de fer qui s'oppose au vol de l'âme, qui arrête l'aigle au moment où ses ailes préparent leur déploiement. On diroit que le regard et l'élan sont interdits à la colombe. Le mépris du père Lacordaire pour la colombe, atteste un oubli singulier. »

Ici le censeur oublie lui-même que l'humble dominicain a dit, comme l'un de nos plus grands saints, qu'*il donneroit vingt serpents pour une colombe.* Mais, en outre, M. Hello n'a donc pas voulu com-

prendre l'admirable sens de ce mot : *on croit s'envoler par la pensée, on est retenu par la charité !*
N'est-ce pas dire que la pensée, déjà ravie sur la
route de l'infini, s'arrête d'elle-même dans l'amour,
que le cœur l'emporte sur l'intelligence, et que, même
dès cette vie, et sans que l'âme ait besoin de sonder
tout le ciel, la charité de l'Homme-Dieu la comble
de grâces, dès qu'elle est reconnoissante et fidèle.
Disons mieux : *Dieu est charité,* comme il se définit
lui-même par la voix de l'apôtre bien-aimé. Dans sa
tendresse pour l'homme, il lui demande son cœur, il
le reçoit dans le sien ; et par là le vrai fidèle prend en
quelque sorte possession de l'Infini ; il y entre par
l'amour ; et la pensée ne perd rien à se replier ainsi
dans la charité, dont la divine Eucharistie offre tout
à la fois et l'inénarrable mystère et la suprême réalité.
La *chaîne de fer*, imaginée par la critique, n'a donc
rien à faire ici, et l'*aigle* n'y emprisonne pas ses ailes,
il est toujours libre dans son essor ; la douce colombe
y trouve aussi sa place, et elle est heureuse d'y faire
son nid.

Mais M. Hello est dans le vrai, quand il reproche à
Lacordaire cette opinion que Rousseau, dans une
trop célèbre profession de foi, a *traité de Dieu d'une
manière digne quoique confuse.* On doit seulement
faire observer, comme atténuation, qu'il ne s'agit pas
ici du vrai Dieu, mais du dieu des incrédules. La
critique auroit dû déplorer encore plus ce que l'orateur sacré dit de l'auteur d'*Émile,* de la *Nouvelle
Héloïse,* et des infâmes *confessions,* qu'il a été un

ornement de son siècle. Le trop candide Lacordaire croyoit, hélas! sinon à l'entière sincérité de la part du philosophe de Genève, du moins à des *mouvements sincères;* tandis que l'hypocrisie la plus raffinée étoit comme le fond de ce misérable, alors surtout qu'il vouloit singer la bonhomie et simuler en paroles quelques accès de foi ou de vertu. Je n'ai presque rien lu de ses coupables écrits, mais assez du moins pour en flairer de loin le péril, et en avoir gardé cette conviction trop bien justifiée.

La saine critique est pareillement dans le vrai, quand elle s'étonne que l'illustre moine n'ait pas craint, même en adorant l'infinie distance le Créateur et la créature, de mettre en présence de l'ineffable Ego Sum qui Sum, la devise Cartésienne *Cogito, ergo sum.*

Enfin, dans les observations qui tiennent à la métaphysique du langage, là où excelle M. Hello, son rigorisme est souvent périlleux pour la sûreté de ses propres jugements. Mais on est forcé d'être complétement de son avis sur quelques-unes des œuvres du père Lacordaire qui ont été seulement écrites, et qui n'ont pas été d'abord parlées.

Finalement, on se demande encore s'il est possible qu'un esprit supérieur comme M. Hello (et en m'adressant à lui je réponds aussi à bien d'autres juges qui ne le valent pas) ait osé dire que, sur le papier, la parole de l'éloquent dominicain *a perdu la vie!* Mais quand il n'auroit laissé à ses lecteurs que ses discours sur *la Chasteté,* cette œuvre qui n'a rien de pareil dans aucune langue pour la hardiesse des tableaux, la sublimité des inspirations, la pudeur et la magnificence du style, et toute cette éloquence qui décerne d'en haut, à la vertu, l'honneur et la gloire, au vice la honte et l'épouvante, au repentir les consolations et le bonheur des larmes, est-ce que la critique ne seroit pas forcée d'y venir humblement avouer son erreur et sa défaite? Et combien d'autres œuvres publiées, avec ou sans retentissement préalable dans la chaire chrétienne, assurent au père Lacordaire une place éminente parmi les grands écrivains!

Au surplus, il suffit à sa gloire, et sur la terre et dans le ciel, qu'il soit devenu l'apôtre et l'homme de Dieu : que d'âmes lui doivent leur salut éternel! et qui nous dira jusqu'à quel point se sont multipliés et se multiplieront à jamais, en mille et mille contrées, et de mille et mille manières, les fruits de son apostolat?

Ses fautes mêmes ont tourné à l'honneur de son audacieux mais humble génie, et il n'en a paru lui-même que plus grand et plus admirable dans le cours et jusqu'à la fin de sa pieuse carrière. Les triomphes de son humilité y domineront toujours, et de bien haut, les triomphes de son éloquence ; on y voit la suite et le couronnement de la plus sainte édification.

Depuis la dernière doléance, jusqu'au commencement de l'année 1845, trois ans s'étoient écoulés sans que l'orateur de Notre-Dame eût laissé échapper en public aucune de ces témérités de pensée et de parole dont il fallût ouvertement faire prompte justice.

Le fleuve trop souvent débordé avoit repris tranquillement son admirable cours ; il ne sortoit plus des rives sacrées où la confiance des grands pasteurs de l'Église l'invitoit, bien autrement que la voix des simples laïques, à se maintenir.

Les vrais amis du père Lacordaire admiroient sa mansuétude autant pour le moins que son génie.

Alors un autre devoir, devoir bien doux pour son *ancien patron*, étoit de faire les premiers pas au-devant d'un cœur qu'il avoit tout à la fois servi et contristé paternellement.

Avant donc de partir pour un long voyage, je lui adressai, avec le poëme de *Jeanne d'Arc,* une pièce de vers qui amena en effet le rapprochement ainsi provoqué, nonobstant les strophes où je laissois transpirer encore quelques appréhensions qui ont dû, et à bon droit, être retranchées plus tard.

Sa réponse fut suffisamment amicale, comme on le verra ; et la paix eut presque immédiatement un premier résultat dont ma famille fut bien touchée. Le père Lacordaire prêcha pour la prise de voile de l'une de mes filles à l'Abbaye-aux-Bois, cérémonie avancée d'une manière imprévue ; et, plus tard, il prêcha aussi pour celle de la profession, à laquelle j'eus le bonheur d'assister avec une double consolation.

Je n'avois pu rien prévoir de tout ce qui s'étoit fait en mon absence. Mais, comme la réponse du père Lacordaire à mon envoi étoit arrivée dans les mains de la mère et de l'aïeule de la pieuse fiancée, elles avoient eu aussitôt la confiance de recourir à son ancienne et sainte amitié, et il avoit reçu leur prière avec des paroles tellement pleines de bons souvenirs, en acceptant cette mission, qu'il sembla que la douce Providence n'y étoit pas étrangère.

AU R. P. LACORDAIRE

Si l'œil voit resplendir sur la nature entière
L'astre qui fait l'honneur et la gloire des corps,
      L'âme aussi d'une autre lumière,
      Dans son invisible carrière,
      A grands flots reçoit les trésors,
      Fruits de grâce, fruits de prière,
C'est l'amour des vivants, c'est le salut des morts.

Toute cette richesse, elle est dans ta parole,
Ministre de la Croix, quand ton zèle de feu
      Démolit la trompeuse école
      Où la raison n'est qu'une idole,
      Et quand il flétrit ce milieu
      Où le cœur jamais ne s'immole
Et toujours se balance entre Baal et Dieu.

Béni soit à ton front, près du volcan qui gronde
Sous les sombres éclairs, le sillon de l'espoir !
        Il dissipe la nuit profonde,
        Et sur les plages qu'il féconde,
        Jour limpide, il n'a rien de noir,
        Son aurore a charmé le monde,
Et son heureux midi descend sur un beau soir.

Poursuis donc désormais ton audace angélique,
A travers les périls, sur l'aile de la foi ;
        Que le blanc froc de Dominique
        Des fleurons de sa gloire antique
        Se couronne encore avec toi,
        Et que ton souffle prophétique
Ouvre les profondeurs de la divine loi.

Des oracles de Paul infatigable émule,
Tu portes comme lui le glaive du combat,
        Double glaive, il éclaire, il brûle,
        Ardent flambeau sur l'incrédule,
        Foudre vengeur sur l'apostat,
        Et, flamme vivante, il circule,
Comme le sang, au cœur ravi de son éclat.

Il éveille l'abîme, il frappe le cratère,
Il évoque la vie et la mort tour à tour :
      Bouleversement salutaire !
      Épreuve sainte ! heureux mystère !
      Les ténèbres ont vu le jour,
      La foi ressuscite, et la terre
S'étonne, pleure, prie, et jette un cri d'amour.

Et toi, dans ton essor, et du haut de la chaire,
Tu verses les rayons de l'immortalité
      Aux yeux que ta parole éclaire.
      Aigle des cieux, c'est là ton aire,
      C'est le nid de ta charité
      D'où le froment du sanctuaire
Retombe, pain de vie et pain de vérité.

De l'or et d'un plomb vil dédaignant le mélange,
Et prosternant ton âme aux pieds du Roi des rois,
      Une humble prière te venge
      Du bruit de la vaine louange,
      Comme du bruit des vains effrois :
      Tu parles, c'est la voix de l'Ange !
Tu cours, c'est Jean qui vole au tombeau de la croix !

Tu reviens, c'est encor l'apôtre du Cénacle
Qui, retenant l'ardeur de son pieux transport,
     Veut de Pierre attendre l'oracle
     Au seuil du sacré tabernacle....
     Écoutez ! Jésus le Dieu fort
     Consomme son dernier miracle,
Il revit dans la gloire, il a vaincu la mort.

Il donne sa puissance à ses nouveaux prophètes,
Il leur ouvre la terre, il leur ouvre les mers ;
     Point de limite à leurs conquêtes !
     Déjà leurs couronnes sont prêtes,
     Déjà les cieux sont entr'ouverts,
     Déjà le martyre a ses fêtes,
Et la Croix triomphante embrasse l'univers.

Qu'ils sont beaux, à l'éclat de leurs courses divines,
Les pieds des prêtres saints, messagers du Seigneur,
     Sur les monts et sur les collines,
     Annonçant la vie aux ruines,
     Aux cités la paix, le bonheur !...
     Dans ta force, là tu chemines ;
Sois donc des droits sentiers, sois l'éternel honneur !

Suis-je trop ton ami? Non, s'il faut que je tremble,
Non, ce n'est plus sur toi, bien-aimé fils des saints !
Ages futurs, que vous en semble ?
Vous qui voyez revivre ensemble
Tous les soupirs des cœurs éteints,
Dites : Heureux qui lui ressemble !
Dites, dites sa gloire à vos échos lointains.

Sa gloire !... ce n'est point l'ingrate renommée
Qui court à son néant d'un vol ambitieux,
Ce n'est point la vaine fumée
Tombant perdue ou consumée,
Dès qu'elle a fatigué nos yeux ;
Mais c'est la fleur, fleur embaumée,
Qui parfume la terre en montant vers les cieux.

(Paris, 6 janvier 1845.)

La réponse du père Lacordaire ne s'étoit pas fait attendre, bien qu'elle ne fût arrivée qu'après mon départ ignoré de lui.

« Paris, 10 janvier 1845.

« Monsieur,

« On m'a remis les vers que vous avez bien voulu m'adresser et votre beau volume de poésie sur Jeanne d'Arc. Je vous remercie de l'un et de l'autre envoi auquel j'ai été très-sensible. Vous m'avez un peu contristé dans le temps, mais j'étois bien sûr que votre excellent esprit, votre cœur si droit, et votre religion si éprouvée, finiroient par vous parler en ma faveur et me rendre les secours de votre union près de Dieu.

« Veuillez agréer, Monsieur, mes remerciements et l'expression de mes sentiments les plus distingués et de mon constant souvenir.

« F^r HENRI-DOMINIQUE LACORDAIRE,

« des Fr. Prêch. »

Dans ces aimables et douces paroles qui venoient, après de vives admonitions et un long silence, répondre à l'hymne du regret, de l'espoir et de l'admiration, tout est saintement ménagé. Le **R. P.** n'a rien à rétracter devant un ami désormais rassuré, et dont les vieilles doléances n'avoient aucune autorité normale. Aussi ne lui rappelle-t-il qu'*un peu* d'ancienne *contristation*, sans dire un seul mot des causes auxquelles on devoit l'attribuer ; et il se borne à trouver, dans une âme qu'il juge avec charité, ces sentiments qui, *j'en étois bien sûr*, dit-il, *finiroient par vous parler en ma faveur et me rendre le secours de votre union près de Dieu.*

En recevant bien loin de Paris cette réponse, j'apprenois en même temps la mission acceptée par le père Lacordaire à l'autel même où alloit s'offrir un sacrifice auquel je devois joindre le mien. Quel nouveau motif de consolation reconnoissante ! Je n'avois donc plus qu'à remercier et à bénir.

Quelques mois après, le prédicateur ami émerveilla, dans le discours qui précédoit la consommation du même sacrifice, tout son auditoire ; et je ne crois pas que mon cœur de père se fasse illusion, quand j'ose dire n'avoir jamais rien entendu de plus angélique et de plus émouvant. Bien des auditeurs ont regretté que cette allocution tout entière improvisée, il faut le croire, n'ait pu être recueillie. J'en ai retenu un trait final dont voici à peu près les termes : « Qui auroit pensé, il y a vingt ans, Madame, lorsque je vous voyois au berceau dans la maison paternelle, qu'un jour viendroit où, moi prêtre ! je serois chargé de vous exhortèr à l'heure de votre immolation au service de Dieu !.... »

Et aussitôt le pieux orateur, célébrant dans sa propre vocation, qui tient du miracle, les joies du sacrifice et des éternelles récompenses, terminoit par cet adieu : « Au revoir..... dans le ciel ! »

Ainsi renouées, mes relations avec le père Lacordaire n'ont plus cessé d'être affectueuses. Il venoit de temps en temps me voir, et quelquefois me consulter sur des questions de droit. Nos entrevues et notre correspondance étoient toutes cordiales.

Du reste, ma foi simple comme toutes mes habitudes ne me sembloit pas au diapason de son génie ; et si j'étois heureux de le voir, je n'avois rien qui pût captiver, et surtout au temps de ses labeurs apostoliques, une bienveillante assiduité. Il eut néanmoins la bonté de m'engager plus d'une fois à le visiter et dans la solitude de Flavigny et sous les ombrages de Sorèze. J'eus le regret de ne pouvoir accepter ses amicales invitations. J'en fus un jour consolé dans l'intérieur même de la communauté de Paris, à la fête de saint Dominique, où il me combla de témoignages d'attachement à côté du vénérable archevêque, Mgr Sibour, de pieuse et tragique mémoire.

Je ne crains pas de donner ces détails qui jettent une lumière nouvelle sur la grande âme du père Lacordaire ; et l'on peut y admirer en effet l'oubli où il réléguoit d'anciens dissentiments, oubli d'autant plus charitable que ma polémique avoit été plus poignante.

A tous ces souvenirs qu'il me soit permis d'en ajouter encore un autre, quelque intime qu'il soit, et qui révèle en même temps une loi que s'étoit faite le père Lacordaire pour tout le temps des conférences de chaque station. Il répondoit ainsi à une prière d'amitié :

« Paris, 30 janvier 1847.

« Monsieur et ancien Maître,

« Je serois très-heureux de me retrouver à votre table ; mais tous mes jours sont retenus jusqu'à mon départ. Comme je n'accepte aucune invitation durant les conférences, celles qu'on veut bien me faire se rejettent toutes dans les quinze jours qui suivent, et c'est pourquoi aucune liberté ne me reste en ce moment. Je le regrette bien vivement, je vous assure. Veuillez présenter mes excuses à vos dames avec mes très-humbles hommages ; et agréez pour vous-même, Monsieur et très-cher Maître, l'expression de mes sentiments respectueux et dévoués.

« Fr Henri-Dominique Lacordaire,

« *des Fr. Prêch.* »

Plus tard, vers la fin de 1849, le père Lacordaire, si affectionné aux bonnes œuvres et particulièrement à celles de la société de Saint-Vincent-de-Paul, m'adressoit, de Flavigny, cette promesse qui bientôt nous valut la plus belle quête que nous ayons faite depuis de longues années :

« Je ne puis vous refuser le sermon de charité que vous voulez bien me demander pour la Conférence de Saint-Vincent-de-Paul de Saint-Sulpice.... Je désire seulement qu'il n'ait lieu qu'après Noël, aussitôt que vous le voudrez. »

Il parle dans la même lettre de sa *fondation de Bourgogne, qui étant notre noviciat,* ajoute-t-il, *renferme tout notre avenir,* et il réclame *des prières pour que Dieu y continue ses bénédictions.*

C'est de là qu'il m'écrivit encore en des termes qui achèvent de montrer son fidèle attachement.

« Flavigny, 11 août 1853.

« Monsieur et cher Maître,

« Je regrette bien que vous n'ayez pu assister à notre fête de Saint-Dominique, étant aussi près de nous. Vous auriez augmenté la joie et l'honneur. Une autre fois, je l'espère, nous serons plus heureux; et même, sans attendre une nouvelle Saint-Dominique, vous pourrez peut-être vous détourner un jour de quelques heures pour nous visiter. Notre solitude ne manque pas d'attraits, et vous y trouverez dans tous les cas une hospitalité cordiale, que mes frères et moi nous regarderons comme une fête de vous donner.

« Veuillez agréer, Monsieur et cher Maître, l'expression de mes regrets et de mon respectueux dévouement.

« Fʳ Henri-Dominique Lacordaire,

« *des Frèr. Prêch.* »

L'année suivante, je lui envoyai les deux volumes des *Anges de la Bible,* et il me répondit que la maison de Sorèze avoit bien vite ouvert ses portes à de tels hôtes. C'est dans la même lettre que le bien-aimé père me rappeloit les beaux ombrages de cette retraite, que j'avois autrefois visitée, et qu'il m'invitoit à revoir.

Au moment où toutes les œuvres du père Lacordaire dont il m'avoit déjà offert séparément quelques-unes, furent réunies et publiées, il eut l'aimable attention de me les faire adresser avec un mot de sa main, daté de Sorèze, 9 mars 1858 :

« On vient de faire paroître le recueil de mes écrits sous la forme d'œuvres complètes. Permettez-moi de vous en offrir un exemplaire en souvenir de votre ancien patronage, et aussi en reconnoissance du présent que vous m'avez fait vous-même de plusieurs de vos ouvrages. Je souhaite que les miens vous soient agréables et que dans tous les cas ils vous soient une preuve des sentiments que je vous ai conservés, etc. »

A cette même époque, le père Ravignan, que j'avois eu le bonheur de connoître beaucoup aussi, venoit de mourir, et depuis longtemps sa sainte gloire m'avoit inspiré quelques strophes; mais je n'en avois rien publié avant sa mort. Mon opuscule ayant vu le jour, j'en fis remettre un exemplaire à son émule, qui sembloit alors devoir longtemps nous consoler de ce grand deuil! La reproduction n'en sera point ici un hors-d'œuvre, à cause du parallèle entre les deux orateurs des Conférences de Notre-Dame.

« Un premier hommage au père de Ravignan, alors plein de vie, est resté, durant bien des années, comme une silencieuse méditation, à côté de celui qui s'adresse pareillement au père Lacordaire, et de celui qui, réservé à la mémoire de Mgr de Forbin-Janson, se rattache à plusieurs autres productions relatives à son Œuvre de la Sainte-Enfance.

« Nous avions eu la pensée de les publier.

« Mais le scrupule, qui arrêtoit la louange sur les lèvres d'un auguste Prélat ami du père Ravignan, nous avoit atteint nous-même dans notre humble sphère. Hier encore, en face des autels et en présence des restes inanimés de l'illustre orateur, au milieu d'un immense et incomparable concours de fidèles, Mgr Dupanloup a refoulé au loin le mot de gloire, pour ne parler que des béatitudes d'une mort précieuse devant Dieu.

« Qu'il nous soit permis, du moins, en déposant quelques fleurs sur la tombe du vénéré père, et en ajoutant quelques strophes aux anciennes, de dire dans quels termes devoit se faire la publication jadis préparée. On verra qu'ils exprimoient déjà, ou à peu près, le même sentiment dont le pieux évêque a consacré l'exemple. Les voici :

« Au milieu des agitations du siècle, la religion parle toujours aux peuples, du haut des chaires chrétiennes; et, parmi nos orateurs sacrés, deux noms sont devenus l'expression de deux genres d'éloquence tout différents.

« Le père Lacordaire, génie hardi, trop hardi peut-être, jette la vérité en traits brûlants. Il met le feu au cœur de l'homme, et, sous cette action puissante, on peut dire que la mine éclate et que le roc est brisé.

« Le père de Ravignan survient, et la science divine, avec l'autorité d'une parole toujours calme à sa plus haute élévation, montre la lumière dans tout son éclat.

« Il n'est guère possible de prononcer entre ces deux émules, sous des rapports purement humains. Leur gloire n'est pas de ce monde, elle vient du ciel, et elle y retourne.

« Aussi, et sans établir de comparaison, disons seulement que le même Dieu qui a suscité Bourdaloue et Bossuet pour d'autres temps, a suscité aussi pour les nôtres Ravignan et Lacordaire. »

« Aujourd'hui, nous pouvons ajouter que dans ses trésors inépuisables, la providence de Dieu trouve encore de puissants défenseurs de son Église, et que la grande voix de l'Évangile n'a pas cessé de retentir magnifiquement dans la chaire sacrée, au royaume Très-Chrétien.

« Disons aussi, avec les paroles de saint Paul, dont Mgr d'Orléans a fait son texte dans l'oraison funèbre si heureusement improvisée à Saint-Sulpice, que le mort saint est là, et qu'il nous parle encore : *defunctus adhuc loquitur* (1). Nous devons même l'espérer : tous les monuments que le père de Ravignan a laissés de son zèle et de ses immenses travaux, seront livrés à l'avidité des cœurs qui ont soif de la vérité et de la justice. Ainsi parlera-t-il encore à ceux qui ont eu le bonheur de l'entendre et aux générations qui viennent après nous.

«Cette prière sera sans doute adressée de toutes parts à la Compagnie de Jésus, à qui le Ciel envoie les bénédictions comme les épreuves, et qui, en peu d'années, a reçu dans son sein les Odescalchi (2), les Ravignan, et tant d'autres pieux consolateurs.

(Paris, le 3 mars 1858.)

«Déjà cette note est en *épreuve* dans nos mains, et nous osons reprendre la plume pour nous emparer ici du portrait que le **R. P.** Félix vient de tracer en quelques mots de celui que l'immense auditoire a aussitôt nommé. A la conférence dernière, il parloit de l'action des saints dans le véritable *progrès*, et il s'écrioit : « Ah ! Messieurs, si telle est quelquefois la puissance d'un seul homme pour élever les âmes qui

(1) *Hébr.* XI-4.

(2) Le cardinal Odescalchi est entré, avec l'agrément de Gregoire XVI, dans l'ordre des Jésuites, où il est mort en odeur de sainteté.

ont touché à son âme, qui dira l'impression que l'humanité chrétienne a reçue du contact séculaire de vingt millions de saints? Dites-moi, avez-vous eu une fois ce bonheur dans votre vie? Avez-vous rencontré un saint? Avez-vous pu contempler son âme dans la lumière de son visage? Avez-vous vu de près cette majesté de Dieu descendue sur le front d'un homme? Si vous l'avez vue, quelle impression en avez-vous gardée?

« Messieurs, supposez que, dans une grande cité, un homme se soit rencontré dont la vertu, du lieu où Dieu l'avoit placée comme un flambeau, ait pu luire sur des multitudes d'un pur et inaltérable éclat; un homme qui ait montré constamment en lui-même une triple représentation de Notre-Seigneur Jésus-Christ en portant devant les âmes la vérité qui les éclaire, la bonté qui les attire, et la sainteté qui les édifie; un homme qu'on n'approchoit pas sans se sentir élevé vers quelque chose de plus haut que la terre, et qu'on ne quittoit pas sans emporter de son contact une impression de son Dieu; un homme qui, après avoir dit adieu aux grandeurs du monde, a passé comme son Maître en faisant le bien, et qui meurt comme il a vécu, en consommant tout le bien qu'il a fait; un homme qui, après avoir ému et attendri des multitudes par l'onction de sa parole, les tient encore plus émues et plus attendries par la douceur de son souvenir; un homme qui parle dans sa mort plus haut que dans sa vie, *defunctus adhuc loquitur,* et jusqu'en son silence continue d'instruire, d'émouvoir et de sanctifier tous ceux qui écoutent cette leçon de son heure suprême, leçon que l'apôtre mourant fait entendre à la terre ; un homme enfin dont on a pu dire que *le deuil qu'il laisse à ceux qui l'ont connu est mélangé d'allégresse.*

« Eh bien ! je le demande, cet homme passera-t-il dans l'humanité sans donner à tout ce qui l'aura touché un mouvement qui élève et agrandit ? Quelles élévations ne donnera pas à des milliers d'âmes ce passage d'une grande âme ? Quels essors vers le bien ne recevront pas des milliers de cœurs du contact de son grand cœur ? Cet homme n'aura-t-il pas sa part dans la purification du peuple, le perfectionnement des hommes, et le progrès de la société ? Or, s'il en est ainsi de l'influence d'un homme qui a passé portant la couronne de la sainteté ornée de l'éclat du talent, croirai-je que l'humanité aura vu passer sous ses regards à travers ses longs siècles vingt millions de saints, sans s'émouvoir et se transformer elle-même au contact de leur sainteté ? »

« Ainsi, l'orateur sacré, sans sortir de son sujet, répondoit au besoin de tous les cœurs, au lendemain des saintes funérailles, nous pouvons même dire des funérailles triomphales. Jamais peut-être pareil spectacle ne s'est vu. Point de pompe extérieure, mais des milliers d'âmes suivant un pauvre cercueil, dans l'émotion des pensées éternelles, et la foi du peuple tantôt saluant d'un signe de croix, tantôt se prosternant au passage, et tous se recueillant à la vue de ce cortége sans exemple.

« Oh ! pourquoi les hommes qui, de nos temps encore, se croyoient obligés, pour fournir leur carrière, de maudire un Ordre religieux, n'ont-ils pas tous assisté à cette providentielle manifestation ? mais, du moins, ils en ont entendu les échos, et ils doivent savoir comment la mort, la sainte mort, plus encore peut-être que la sainte vie, ramène et réconcilie tous les cœurs droits, dans la contemplation de l'éternité. »

(Paris, 6 mars 1858.)

LE PÈRE DE RAVIGNAN

J'ai chanté le torrent, heureux fils de l'orage,
Balancé d'abord dans les airs,
Puis aux flancs du rocher se frayant un passage,
Sous le feu roulant des éclairs ;
J'ai chanté les trésors de la chaste rosée
Sur une terre en deuil et de sang arrosée,
Et j'ai redit l'espoir des sillons entr'ouverts.

Le torrent ! n'est-ce pas cet ardent Lacordaire,
Dont la voix enlève si bien
Les âmes et les cœurs, et du haut de la chaire
Les jette au ciel, et ne craint rien?...
Et la rosée en pleurs ! n'étoit-ce pas la grace
Qui de Forbin-Janson partout marquoit la trace,
Dans un peuple d'enfans et qu'il a fait chrétien ?

Je veux chanter aussi, dans sa limpide course,
  Fidèle à son premier élan,
Le fleuve pacifique épousant, dès sa source,
  La majesté de l'Océan ;
Il lui porte, à travers les campagnes fécondes,
Dans des bras toujours purs le tribut de ses ondes :
Avec moi suivez donc les pas de Ravignan !

Avant que sa parole aux autels retentisse,
  Déjà, dans le temple des lois,
Flambeau vivant, son œil éclaire la justice
  Jalouse d'écouter sa voix;
Mais le sublime essor de sa sainte jeunesse
Se croit emprisonné dans l'humaine sagesse ;
Il va s'en affranchir, il s'attache à la Croix.

Ses regards sont fixés au sommet du Calvaire :
  Oui ! son cœur monte jusque-là...
Entendez-vous les cris jetés au joug sévère
  De tous les fils de Loyola ?
Le seul nom de Jésus irrite la menace...
Eh bien ! c'est dans leurs rangs qu'il va prendre sa place,
Et s'il falloit encore un martyr, le voilà !

Remportez cette hermine.... Honneur à l'humble bure !
Vers le ciel auguste degré,
Le bois de Golgotha ne veut d'autre parure
Que le sang dont il est sacré.
Un athlète nouveau boira l'amer calice ;
Et dans l'étroit sentier, sentier du sacrifice,
Sur les pas du Sauveur le disciple est entré.

Tel est des prêtres saints outragés par la haine,
Tel est le culte ambitieux !
C'est là qu'Odescalchi de la pourpre romaine
Dépose le poids glorieux.
Le siècle en vain s'égare, aveugle volontaire :
Ravignan peut parler, Ravignan peut se taire,
Qu'il parle ou qu'il se taise, il est l'écho des cieux.

Un Dieu devant Hérode a gardé le silence ;
Et c'étoit le Verbe éternel !
Et déjà sa doctrine, adorable semence,
Avoit ému tout Israël.
Ainsi le Rédempteur, libre dans ses oracles,
Jetoit à l'humble peuple un long flot de miracles,
Et le regard du Juge à ce roi criminel.

L'orateur enflammé du feu de l'Évangile
         N'a pas besoin d'autre leçon ;
Il l'annonce : et bientôt une terre stérile
         Étale sa riche moisson.
Oh ! comme il est fécond, l'accent de sa parole !
Il éclaire, il embrase, il bénit, il console ;
Et l'humanité pleure, ou chante, à l'unisson.

Aux reflets du couchant, comme à ceux de l'aurore,
         Et par degrés, l'astre du jour,
Dans les prismes nombreux du nuage qu'il dore,
         Brille ou s'efface tour à tour ; .
Sous des rideaux de pourpre on diroit qu'il se joue ;
Parfois il les étend, parfois il les secoue,
Comme un époux charmé des soins d'un chaste amour.

Mais l'éclat du midi de son disque sublime
         Éloigne toute autre splendeur ;
Ah ! c'est que dans l'azur dont il atteint la cime
         Il lui suffit de sa grandeur.
Si l'éclair de la foudre allume le génie,
Un ciel serein épand partout son harmonie :
De Ravignan toujours elle a réglé l'ardeur.

Cœur souffrant! viens donc vite aux pieds du saint prophète,
          Viens choisir la meilleure part!
Écoute un cri de foi : Dieu même est ta conquête,
          Si la Croix est ton étendard.
Connois-tu cette voix qui t'aime et qui t'appelle?
C'est la voix de l'Église. Hélas! on meurt loin d'elle :
Mais sa bonté jamais n'a dit : Il est trop tard!

La main qui met la flamme aux lèvres d'Isaïe
          Et qui lui donne un libre essor,
Dans le même foyer puise toujours la vie :
          Il est là, l'éternel trésor !
Aussi, dans la ferveur de ses nouveaux apôtres,
Notre âge aura le droit de dire à tous les autres :
Pierre est debout! et Paul évangélise encor !

Oui, Seigneur! ta parole est à jamais vivante,
          Rien n'arrête sa vérité
Qui d'échos en échos rejaillit triomphante
          Aux murs de la sainte Cité!
Et, dans l'immense deuil où d'une voix amie
La puissance au tombeau semble comme endormie,
Elle y jette le cri de l'immortalité.

Voyez comme il est beau sur sa funèbre couche,
Ce doux Père de tant d'élus !
Et comme au dernier souffle exhalé de sa bouche
Son âme entre au cœur de Jésus !
Mort, il nous parle encore, et, joyeuse victime,
Il nous appelle tous à ce baiser intime
Où l'homme au sein de Dieu revit et ne meurt plus.

Déjà ce souvenir, versé comme le baume
Avec les larmes d'un Prélat,
Émeut tous les échos du Très-Chrétien royaume ;
Et, pleine d'un nouvel éclat,
La foi d'un peuple entier bénit cette merveille
Où le feu, dès qu'il dort, plus ardent se réveille
Dans l'immortel apostolat !

Le père Lacordaire comprenoit mieux que personne la part réservée au père de Ravignan dans tout le bien qu'ils avoient fait ensemble et comme de concert, par leurs prédications, et la part qui lui en revenoit à lui-même, après Dieu. Il se regardoit volontiers comme le simple précurseur de son émule. Nous allons en avoir ici plus d'une preuve, indépendamment de celles que l'on peut recueillir encore ailleurs.

Je lui avois successivement adressé, avec mes remerciements de ses œuvres complètes, d'abord, comme on l'a vu, les stances sur l'illustre jésuite, puis une nouvelle édition de JEANNE D'ARC, considérablement accrue, et il répondit en même temps aux deux envois, le 1ᵉʳ avril 1858.

« J'ai commencé à lire la Jeanne d'Arc ; mais il ne me seroit pas possible à cause de mes occupations de la lire d'un trait (1). Votre vers m'a paru correct, animé, s'élançant quelquefois, généralement harmonieux et dans le bon style du XVIIᵉ siècle ; mais il faudroit avoir lu le poëme tout entier, pour le juger dans

(1) Près de quatorze mille vers ! il y a de quoi effrayer en ce temps quatorze mille hommes, suivant le bon mot de Michaud de l'Académie française.

sa structure, sa marche et son effet poétique. Vous n'aurez peut-être pas fait un poëme épique de premier ordre ; mais au-dessous des premiers modèles, il y a encore de la place pour plaire et émouvoir, et je crois que vous y serez parvenu souvent.

« La pièce de vers qui a précédé l'envoi de l'épopée m'a été au cœur par les sentiments que vous y exprimez pour moi.

« Veuillez, je vous prie, en agréer toute ma reconnoissance, etc. »

Ainsi le frère-prêcheur ratifioit tout à la fois, ce me semble, et ce que disoit la strophe :

« Le torrent ! n'est-ce pas cet ardent Lacordaire
   Dont la voix enlève si bien
Les âmes et les cœurs, et du haut de la chaire
   Les jette au ciel, et ne craint rien ?... »

Et la prose qui précédoit : « .....Parmi nos orateurs sacrés, deux noms sont devenus l'expression de deux genres d'éloquence tout différents. Le père Lacordaire, génie hardi, trop hardi peut-être, jette la vérité en traits brûlants. Il met le feu au cœur de l'homme, et sous cette action puissante on peut dire que la mine éclate et que le roc est brisé. Le père de Ravignan survient, et la science divine, avec l'autorité d'une parole toujours calme à sa plus haute élévation, montre la vérité dans tout son éclat. »

Le jugement que le grand orateur portoit lui-même sur sa mission et sur celle du père de Ravignan, va ressortir encore d'une simple anecdote qui ne manque pas de charme, et que j'ai recueillie avec toute exactitude, au mois d'avril dernier, sous le toit d'une célèbre abbaye où j'étois en pélerinage auprès d'un de mes intimes amis, ancien curé de Saint-Philippe-du-Roule, qui consacre à la méditation ses dernières années dans cette pieuse retraite.

A une époque qui suivoit d'assez près celle des doléances, le bon pasteur avoit prié le père Lacordaire de prêcher un sermon de charité dans son église; et lorsqu'il en eut la promesse, il l'apostropha ainsi en riant : « Dites-le-moi donc enfin maintenant, très-révérend Père ! quand serez-vous chrétien ?

— Ah ! Monsieur le Curé, vous avez bien raison ! je ne suis qu'une préparation à l'Évangile, mais la pleine lumière, c'est le père de Ravignan. »

On peut rapprocher de ce trait un autre mot de l'humble dominicain, lorsqu'on lui disoit qu'à ses conférences, et à cause de la foule, certains auditeurs montoient jusque sur les confessionnaux : « Le père de Ravignan est plus heureux, il les y fait entrer ! »

Ce bonheur de convertir les âmes étoit donc la grande, la seule ambition du père Lacordaire. Il va nous le redire dans un moment.

Touché, ainsi que je devois l'être plus que jamais, de toutes les marques d'amitié et de confiance que je recevois de lui, je me fis un devoir et un bonheur de lire et de relire ses œuvres, dont plusieurs me parurent amendées; après quoi je lui adressai l'affectueuse expression de ma reconnoissance et de mon admiration du fond du cœur. Je le félicitois surtout du bien que ses Conférences avoient fait à la jeunesse et à tant d'âmes auprès desquelles il avoit été l'organe de la grâce et l'instrument du salut. Il n'y fut pas indifférent, et m'en donna bientôt la preuve :

« Sorèze, 24 septembre 1858.

« MONSIEUR ET CHER ANCIEN PATRON,

« Une courte absence motivée par la tenue de notre Chapitre provincial, à Flavigny de Bourgogne, ne m'a pas permis de vous remercier plus tôt de votre cordiale lettre du 7 de ce mois, dans laquelle vous voulez bien m'exprimer la satisfaction que vous a causée la lecture de mes écrits. Ce témoignage venu de vous m'est doublement précieux, puisqu'il est d'un homme aimant Dieu, et d'un écrivain initié aux secrets de l'art. Il me l'est encore parce qu'il me rappelle les temps éloignés où Dieu m'appela à son service du milieu des erreurs et de la corruption du siècle. Je vous suis donc bien reconnoissant, Monsieur, de votre bonne pensée à mon égard.

« De temps en temps des personnes inconnues m'écrivent que mes Conférences les ont ramenées à Dieu, elles ou leurs parents : c'est là une récompense au-dessus de tout.

« J'avois commencé à publier des lettres sur la vie

chrétienne, et je croyois que ce seroit le dernier travail public de ma vie. Mais me voici rappelé au provincialat de notre Ordre, chargé, de plus, de la direction du tiers-ordre enseignant de saint Dominique, et enfin du gouvernement de l'école de Sorèze. C'est un triple fardeau, qui ne me laisse plus respirer. Dans quatre années cette tâche aura atteint son terme, et j'aurai soixante ans. J'espère qu'alors Dieu m'accordera quelques jours de repos pour achever ce que j'ai souhaité d'écrire de lui.

« Veuillez présenter mes hommages respectueux à vos dames, et agréez l'expression, très-cher Monsieur, de mes sentiments dévoués.

« F^r HENRI-DOMINIQUE LACORDAIRE ,
« *des Fr.-Prêch.* »

Malgré cette effusion de sentiments affectueux de part et d'autre, ou plutôt à cause de cela même, je n'avois pas tout à fait renoncé à faire quelques franches observations au père Lacordaire, sur les regrettables tendances auxquelles il se prêtoit, dans ses rapports avec une école politique, littéraire et philosophique dont il n'a eu en définitive que de tristes souvenirs.

On connoît les *Essais* (critiques) *sur le Naturalisme contemporain, par le R. P. Dom Prosper Guéranger, abbé de Solesmes.*

La première partie de ce travail aussi solide que lumineux est consacrée à la réfutation des erreurs de M. le prince Albert de Broglie dans son ouvrage sur *l'Église et l'Empire romain au* IVe *siècle*. Avec tous les égards dus à la foi et à la bonne foi de l'auteur, et en rendant justice à son talent, Dom Guéranger ne le juge pas moins avec une liberté toute chrétienne. Et il commence par caractériser ainsi l'intention capitale de l'œuvre qui *témoigne d'un parti pris de satisfaire, par sa manière d'exposer et de juger, ceux de ses lecteurs qui n'ont pas le bonheur de partager ses convictions*. « On sent que le livre est écrit sous une préoccupation, et que sans cette préoccupation il n'eût peut-être pas existé. M. de Broglie n'est jamais entièrement libre ; il craint de choquer, il atténue, il sacrifie même quelquefois ; et toujours dans la pensée que sa modération, sa façon toute rationnelle de voir les choses, amèneront à croire et à vouloir, comme l'Église et comme lui, ceux qu'il a en vue de réconcilier avec le christianisme. De là un embarras d'allures, certain tour philosophique, certain accent tant soit peu *naturaliste*, qui, de temps à autre, viennent faire dissonnance sur le ton chrétien du livre. Pour ma part, je regrette ce genre de complaisance, trop à la mode aujourd'hui, et d'autant plus que l'expérience apprend que ce n'est point par voie de compromis que la brebis égarée rentre au bercail. »

Et bientôt le savant abbé relève toutes les erreurs dans lesquelles le système du prince de Broglie l'a entraîné : l'une est relative à l'apparition du *Labarum* sur laquelle il laisse planer des doutes, contre le sentiment des auteurs les plus graves et les plus sévères dans leur critique, Tillemont, Baillet, Fleury et Bossuet.

Le père Lacordaire se constitue plus d'une fois le défenseur de M. de Broglie. Mais, il faut bien l'avouer, l'orateur de Notre-Dame, pour de telles discussions, n'étoit pas en mesure de lutter avec l'abbé de Solesmes, et il ne garda pas envers lui la mansuétude qu'il avoit si bien résolu de garder envers tous. Son dévouement au noble auteur l'avoit tellement ébloui, qu'il ne voyoit plus les taches qui déparent l'œuvre si justement critiquée.

Il me parut avoir un autre tort, lorsque après avoir moi-même plus mûrement étudié le caractère de Constantin, j'imaginai de faire parler ma vieille verve sur le premier prince chrétien, et je m'expliquois ainsi à ce sujet : « Nous en avons conçu la pensée en lisant dans les œuvres complètes du **R. P.** Lacordaire, les pages où il examine l'ouvrage de M. le prince Albert de Broglie sur l'Église et l'Empire romain au ive siècle. Quelques mots de cet examen nous ont frappé de stupeur et nous ont inspiré presque aussitôt le désir d'y faire une réponse approfondie et de la traduire, autant que possible, dans une œuvre de réparation.

« L'éloquent dominicain retrace d'abord les espérances de Constantin dans l'aîné de ses fils, Crispus, que nous appelons Chlore, issu d'un premier mariage avec Minervine. « L'empire, dit-il, en voyant dans ce jeune homme les qualités les plus aimables unies à une grande vertu militaire, félicitoit l'empereur de ce que le Ciel lui avoit préparé dans le premier-né de son sang un successeur qui pourroit l'égaler. Tout à coup on apprend que le prince a été arrêté, conduit dans une ville obscure de l'Istrie, supplicié sans procès pour des causes inconnues, en même temps que Licinius, propre neveu de Constantin par sa mère (Constantie), étoit mis à mort à l'âge de douze ans. Au bruit de cette tragédie, la mère de l'empereur, l'impératrice Hélène, accourt de l'Orient à Rome. Elle voit son fils, lui fait discerner dans la jalousie de sa seconde femme, Fausta, le principe secret des malheurs qui viennent de s'accomplir. Constantin, au lieu de s'accuser lui-même de sa crédulité et d'apaiser sa conscience par une généreuse dissimulation, fait périr sa femme et ses principaux conseillers dans un carnage qui épouvante jusqu'au palais des Césars. Puis, tout couvert de ce sang, et trois fois parricide, il sort de Rome pour ne plus la revoir, emportant dans son cœur un souvenir qui eût été pesant même à Néron. »

« Quelle sentence !

« Constantin seroit stigmatisé ainsi d'un trait de plume, si l'accusation pouvoit être admise en de pareils termes.

« Mais il y a nécessairement là un problème historique. Les faits sont restés toujours inexplicables. Et d'abord en eux-mêmes ils n'ont pas une notoriété complète, une égale évidence sous toutes leurs faces. Puis ils sont en contradiction flagrante avec la tendresse du père pour le fils, de l'époux pour l'indigne épouse, de l'auguste parent pour sa famille. C'est là ce qui ressort de tous les points de l'histoire.

« Quel est donc le mot de cette lugubre énigme?

« Dieu seul le sait, et nul homme ne peut, ce nous semble, porter ici contre Constantin un jugement en pleine connoissance de cause, encore moins un jugement irrévocable et sans appel.

« Constantin *trois fois parricide !* mais, pour l'être une fois, il faut le vouloir. Et qui osera soutenir que, dans sa désastreuse crédulité, ce prince a eu l'instinct, ou, chose plus horrible ! la volonté d'un Néron?

« Ce qu'il y a de manifeste dans le résumé historique dont nous venons de transcrire le texte, c'est (pour user des mêmes expressions) *la jalousie de Fausta, principe secret des malheurs accomplis.* On accuse même cette marâtre d'une passion qui rappelle la femme de Thésée ! Telle est l'opinion des légendaires chrétiens. Pourtant, nous n'avons pas donné cette couleur au rôle de la belle-mère de Crispus. Elle est assez criminelle d'ailleurs, pour qu'il ne soit pas nécessaire d'admettre contre elle une imputation que M. Albert de Broglie combat comme invraisemblable. L'intérêt du drame auroit pu s'en accroître. Mais une pareille donnée doit rester sous le voile ; et il est d'autant moins permis de la mettre en relief, que la pudeur publique en seroit indiscrètement émue. Nous avons dû laisser un doute effrayant dans l'ombre qui lui appartient, sans néanmoins étouffer entièrement les sombres lueurs qui

ajoutent encore un trait de plus au caractère éminemment tragique de Fausta.

« Après le sang répandu, Constantin est demeuré
grand devant ses contemporains et devant la postérité.

« L'histoire rappelle avec une constante admiration,
d'abord son courage héroïque, et dans la guerre, et
dans les épreuves auxquelles l'exposa si souvent l'in-
fâme Galérius, soit contre les bêtes féroces, soit
contre de périlleux hasards ; ensuite, l'élévation de
son âme, la grandeur de ses vues, la décence de ses
mœurs, la franchise et la ferveur de sa foi : il est
même vénéré comme saint dans quelques contrées de
l'Orient, et aussi en Égypte, en Moscovie, et parmi
d'autres nations.

« Comment donc seroit-il possible de le condamner
sans tenir compte de tant d'imposants témoignages ?

« Quant à nous, c'est l'homme évidemment et funes-
tement trompé, et non point l'homme comparé
presque à Néron, que nous avons dû reconnoître et
dépeindre dans le héros de cette œuvre. Aussi lui
avons-nous maintenu l'honneur, hautement attesté,
de l'une des plus belles paroles de clémence que les
annales du monde aient jamais recueillies ; et nous
avons interprété, dans un sens auquel ils sont loin
de se refuser, les faits dont le prince de Broglie, et
après lui le père Lacordaire, ont cru pouvoir tirer
une sorte de rapprochement entre le premier empereur chrétien et le tyran parricide.

« Le livre de *l'Église et l'Empire romain au* IVe *siècle* cite (tom. II, pag. 106) un distique sanglant qui fut affiché pendant la nuit à la porte du palais impérial, et qu'il traduit en ces termes :

« Que parle-t-on de l'âge d'or ? Voici un siècle de « perle (*œtas gemmea*); mais c'est le siècle de Néron. »

« Les habiles, ajoute l'auteur, crurent y recon- « noître la main du préfet Ablave, compromis sans « doute dans l'intrigue de Fausta, et qui vengeoit ainsi « dans une satire anonyme la mémoire de ses amis.»

« Si la qualification *néronienne* apparoît dans une affiche nocturne, est-ce une raison suffisante pour l'inscrire dans l'histoire et sans en faire justice?

« M. de Broglie s'attache à maudire la trace des splendides fêtes, des *Vicennales*, qui auroient été célé- brées après le *carnage* et presque dans le sang des victimes. Mais le fait est solidement réfuté par les investigateurs les plus consciencieux. Et, ensuite, la scandaleuse fortune de quelques grands coupables, notamment du préfet *Ablave, compromis sans doute dans l'intrigue de Fausta*, et l'audace même des affiches séditieuses, ne viennent-elles pas assombrir davantage encore les ténèbres de ces déplorables jours? Est-il bien difficile de croire à la perturbation du palais impérial, dans l'épouvantable contraste des supplices et des impunités? Quel écrivain, se consti- tuant juge, voudra nous affirmer la part de Constan- tin à de telles réjouissances, si elles étoient histori- quement constatées? Et n'avons-nous pas le droit de penser, nous, qu'au moment même où ses ministres eussent cru devoir, aux yeux d'une population païenne, faire diversion à tant de tragédies, le malheureux père, l'époux vengeur, le fils de sainte Hélène, dévoroit seul et en secret sa douleur et ses larmes.

« Un point sur lequel le noble auteur s'est entièrement mépris, c'est l'époque du baptême de Constantin, d'après les documents émanés de l'arianisme, où l'on suppose qu'il a été baptisé *in extremis*, à son lit de mort, par un évêque arien.

« Mais le grand et saint empereur, comme l'appeloient les peuples, le souverain qui prêchoit lui-même la foi chrétienne, qui, à la voix du chef suprême de la catholicité, rassembloit les conciles, qui assistoit à celui de Nicée, qui baisoit les plaies des martyrs de la foi, qui avoit le zèle passionné de la conversion de l'univers, qui dans sa famille, et partout, catéchisoit les âmes, avoit nécessairement reçu, durant les démonstrations d'un tel prosélytisme, le signe sacré des enfants de l'Église. C'est ce qu'a établi de la manière la plus victorieuse, du fond de sa retraite, un intègre historien, M. Édouard Dumont, d'accord en cela avec le docte abbé de Solesme, dom Guéranger, comme avec un grand nombre d'auteurs recommandables, contemporains ou rapprochés de l'époque même de Constantin. Cette vérité de fait n'est-elle pas d'ailleurs consacrée en quelque manière par la légende de saint Sylvestre, pape, dans le bréviaire romain? Il y est dit que *Constantin, obéissant aux célestes inspirations, s'empresse d'appeler Sylvestre (alors retiré au mont Soracte), et, rendant honneur*

*au représentant des Apôtres, reçoit de lui le baptême
qui le purifie et l'enflamme d'un grand zèle, comme
défenseur et propagateur de la religion du Christ.*

« Le caractère de Constantin, il faut le reconnoître,
a pu sembler foible parfois, jusque dans la grandeur
et dans l'orgueil du pouvoir. Et cependant c'étoit là
moins de la foiblesse, car elle ne lui étoit nullement
naturelle, qu'une hésitation dont la source est visible.
Depuis le meurtre de son fils, il avoit toujours devant
les yeux sa funeste erreur dans ce drame domestique.
Une sorte de religieuse défiance, de saint effroi, avoit
donc succédé en lui à l'emportement du désespoir, et
aux affreux mécomptes de la crédulité. Cette *timoration* eut aussi de malheureuses conséquences, surtout
dans la cause de saint Athanase. Il semble que Dieu
les ait permises pour la gloire de ce grand confesseur
de la foi, et pour le triomphe de l'Église, devenue par
là même encore plus éclatant contre l'arianisme. Mais
faut-il en faire un crime au pieux empereur?

« Au surplus, et quant à la physionomie du héros
chrétien, telle que nous avons cru devoir la fixer dans
ce drame, la tragédie n'est pas essentiellement l'histoire : c'est pourquoi nous n'avons pas craint non
plus de grouper autour du fait principal, dont la
vérité reste intacte, des circonstances modifiées dans
l'intérêt dramatique.

« Il étoit permis aussi de peindre, dans le rôle de la
coupable impératrice, toute la perversité que son juge
(et quel juge!) a cru devoir punir du dernier supplice. Cette rigueur, dont il n'est point question de

faire l'apologie, n'en est pas moins la plus claire preuve de l'innocence de Crispus, du désespoir de Constantin et du crime de Fausta.

« La *généreuse dissimulation* dont parle le père Lacordaire eût été déplorable à ces trois points de vue : elle auroit jeté des nuages sur la gloire du martyr, sur le cœur du père, et sur les perfidies de la marâtre.

« Les enseignements abondent à cette grande station de l'histoire, et ils ont un cachet providentiel. Nous en avons choisi l'interprète dans le célèbre Lactance, encore bien qu'il fût au terme de sa carrière. Simple laïque, il est néanmoins au nombre des Pères de l'Église, et on l'a surnommé à juste titre *le Cicéron chrétien*. Or, comme il a été le précepteur du prince victime des fureurs de Fausta, nul autre que ce grave personnage ne convenoit mieux à la mission qui lui est ainsi donnée.

« Heureux serons-nous si notre œuvre, mettant en lumière quelques saintes vérités, en même temps qu'elle éclaire le règne du premier prince chrétien, peut servir en quelque chose au développement des généreuses pensées et au bien de la religion !

« Nous nous sommes inspiré, dans la tragédie de CONSTANTIN, comme dans celle de JONATHAS, des intentions manifestées par le gouvernement de S. S. Pie IX en faveur des représentations théâtrales, dans un intérêt digne de sa sollicitude, encore qu'il ne s'adresse qu'aux auteurs italiens. Déjà les sociétés académiques les plus célèbres de la ville sainte nous ont donné des encouragements et même des titres que nous voudrions mieux mériter. Ce nouveau travail leur prouvera tout à la fois et la persévérance de nos efforts, et la vive gratitude avec laquelle nous répondons à leurs suffrages.....

« Enfin, et nonobstant le jugement exagéré de M. le prince de Broglie sur le caractère de Constantin, et malgré les profondes critiques du vénérable abbé de Solesme relativement à plusieurs autres opinions du même auteur, notamment sur le miracle du labarum, nous rendons grâces à l'historien de *l'Église et l'Empire romain au* IVe *siècle* de tous les documents que nous avons trouvés dans sa brillante étude, en nous mettant nous-même à l'œuvre dans un coin du vaste tableau.

« Le R. P. Lacordaire sait bien aussi comment nous avons pu être successivement amené, il y a quelques mois, à remplir une pareille tâche. Nous l'en avons déjà remercié : mais la reconnoissance ne doit jamais faire tort à une juste liberté. »

Aujourd'hui la question n'a rien perdu de son intérêt historique; c'est pourquoi elle se reproduit, alors surtout que le prince Broglie succède au fauteuil de son apologiste; et, quant à ses devoirs d'écrivain, il y aura sans doute, dans son discours de réception à l'Académie, quelque allusion au *Naturalisme contemporain*.

L'humble directeur de Sorèze accueillit cette controverse historique et la traita avec infiniment plus de douceur que celle du savant Bénédictin ; il y répondit en ces termes :

« Sorèze, 10 octobre 1859.

« Monsieur et ancien Patron,

« Je viens bien tard vous remercier de votre Constantin. Après vous avoir lu, il m'a été bien difficile de comprendre ma faute à l'égard du Constantin de l'histoire. Il me semble aussi coupable chez vous que chez moi. Mais enfin je puis me tromper, et je me console dans la pensée de vous avoir inspiré une tragédie animée du souffle chrétien, et quelquefois du souffle de la poésie, ce qui n'est pas peu de chose en ce temps-ci, et même dans tous les temps.

« Veuillez agréer ma reconnoissance de votre cher envoi, ainsi que l'hommage des sentiments de haute estime et de dévouement avec lesquels vous me savez, Monsieur et ancien Patron,

« Votre fidèle serviteur,

« Fr Henri-Dominique Lacordaire.

« *des Fr. Prêch.* »

Il n'étoit guère possible de se tirer d'affaire, sur la question, avec plus d'esprit, plus de mansuétude, et plus d'humilité.

Mais au fond comment comprendre que le même homme dont le *fossé de Vincennes* et une mer de sang n'ont jamais arrêté l'admiration pour le nouveau

Nabuchodonosor, ait pu rattacher sous aucun point de vue la mémoire de Constantin à celle de Néron?

Quelque chose manquoit donc au jugement du père Lacordaire dans la polémique relative aux intérêts de ce monde, malgré son coup d'œil d'aigle à la lumière de l'éternité.

Aussi, sous ce rapport, comme en tout ce qui tient au salut des âmes, quelle distance entre lui et son ami du club de la Sorbonne!

Qu'on en juge par un exemple qui vient ici à sa place.

Dans l'éloge funèbre de Mgr de Forbin-Janson prononcé dans la cathédrale de Nancy, le 28 août 1844, l'illustre Frère prêcheur, tout en se livrant encore à son enthousiasme pour le grand homme, n'a pas manqué du moins d'y faire imprimer cette annotation : « Napoléon sans doute commit de grandes fautes contre la religion et contre les libertés publiques ; mais un catholique ne sauroit oublier qu'il tira la France du chaos, signa le Concordat, se fit sacrer par le Pape, et mourut dans les bras de l'Église. »

Or, que dit M. de Montalembert de ce goût du père Lacordaire pour le premier Bonaparte ? En voici un échantillon : « ... C'est lui surtout qui, en invoquant sans cesse l'empereur Napoléon Ier et *sa prétendue conversion à Sainte-Hélène*, a fait du météore impérial un des lieux communs les plus répugnants et les plus mal avisés de la chaire chrétienne. » (Pag. 147).

Est-ce bien un catholique sincère qui ose ainsi parler des derniers mystères du repentir et de la mort, et des faits providentiels dont la foi a le droit de proclamer les enseignements? Mais, pour ne parler ici que des mystères du salut, a-t-il donc oublié que l'Écriture n'a elle-même frappé nominativement du signe éternel de la malédiction que deux grands coupables? et s'il ne damne pas lui-même le prisonnier de Sainte-Hélène comme impénitent, mais s'il veut douter seulement des preuves d'une manifeste conversion, n'a-t-il pas lu le célèbre testament du 15 avril 1821, où Bonaparte en a donné au moins l'espérance par cette déclaration textuelle : « Je meurs *dans la religion apostolique et romaine*, dans laquelle je suis né il y a plus de cinquante ans? »

Le frère-prêcheur a donc pu dire avec confiance que le grand homme *est mort dans les bras de l'Église ;* et, alors, ne lui étoit-il pas permis de tirer d'un pareil fait les divines leçons que la Providence a elle-même étalées aux yeux de tout l'univers?

Le vœu de cette conversion m'avoit inspiré, dès 1814, ces premières paroles :

« Aux portes de la mort un enfant de colère

Peut encore pour nous redevenir un frère

Et mériter nos pleurs *. »

* *Souvenir du Ciel*, pag. 6.

Plus j'ai à craindre d'avoir fatigué certains lecteurs sur le même sujet, plus je dois tenir à cette consolation chrétienne, qui vaut mieux, ce semble, que le dédain d'une *prétendue conversion*. J'oserai donc citer encore quelques lignes imprimées au moment de l'inauguration de l'*Arc de Triomphe de l'Etoile*. Au surplus, rien de tout cela n'est étranger au point de vue sous lequel j'ai surtout considéré le père Lacordaire ; et après mes trop justes doléances, je partage volontiers avec lui les reproches ou les risques du *lieu commun* :

« En vain le monde entier, par mille et mille échos,
Exalte jusqu'au ciel le nom de ses héros ;
Un seul cri, s'il pouvoit s'échapper des abîmes,
De leur fausse grandeur nous diroit tous les crimes.
Absens de cette vie, ils y sont adorés !
Présens dans les enfers, ils y sont dévorés*!
Puisses-tu n'être pas de ce malheureux nombre,
Toi dont la France vaine évoque la grande ombre !
Ombre silencieuse, hélas ! à tant de bruit
répondras-tu jamais dans l'éternelle nuit ?
Ah ! si le Ciel vengeur dont tu fus le ministre
A béni dans sa fin ta carrière sinistre,
S'il est vrai que du Christ tu pressois l'étendard
D'une mourante main et d'un dernier regard,
Oui ! tu pourrois, ami du peuple qui t'admire,

* *Laudantur ubi non sunt ; cruciantur ubi sunt.* S. Aug.

Par un écho des cieux lui répondre et lui dire :
« J'ai traversé la terre avec l'ange du mal !
« Pourquoi m'exaltez-vous sur un char triomphal?
« A qui s'adresse-t-il, ce colossal trophée?
« A la liberté?... mais, je l'avois étouffée !
« A ma gloire?... et comment pouvez-vous donc unir
« Le laurier populaire avec mon souvenir?
« A la paix, doux présent de vos rois légitimes?...
« Quoi ! vous osez mêler leurs vertus et nos crimes !
« A la menteuse paix?.... mais elle a des combats,
« Elle craint la révolte et les assassinats !...
« Mon empire lui-même a passé comme un songe....
« Sachez donc ne plus croire aux œuvres du mensonge!
« Vous aussi, vous viendrez dans un étroit cercueil
« Déposer tour à tour les rêves de l'orgueil.
« Pour vos ovations en vain le jour s'apprête,
« Le Ciel ne permet pas qu'il soit un jour de fête *;
« Et ce superbe amas de contradictions
« Apparoît dans la peur aux yeux des nations ;
« Et ce fier monument, portant le nom de l'astre,
« N'est pas mieux salué qu'un signe de désastre.
« Qu'il soit pour vos bonheurs à jamais impuissant,
« Car il devroit nager dans une mer de sang !...
« Aussi, qu'étois-je donc, en ravageant la terre,
« Grand Dieu ! qu'un instrument de ta juste colère?
« La verge s'est brisée ! et ton souffle vainqueur
« Sur un rocher brûlant a ressaisi mon cœur,

---

* Après les plus grands préparatifs, la solennité fut tout à coup con-
tremandée, dans la crainte d'un complot.

« Mon cœur humilié, seul entre les deux mondes,
« Puis lancé vers le ciel comme le flot des ondes,
« Quand l'immense tempête a jeté sur l'écueil
« Tel qu'un fardeau pesant mon front chargé d'orgueil.
« Alors je te connus, Majesté seule grande !
« Confonds tous les orgueils, ta gloire le demande *. »

Celui qui est assez audacieux pour parler au public avec le ton d'un juge, sur la *prétendue conversion* du captif de Sainte-Hélène, devra méditer de nouveau, dans Daniel, les paroles de Nabuchodonosor, et il y verra que si, dans la captivité de Babylone, les prodigieuses destinées d'un roi éclairoient le peuple fidèle et même les peuples idolâtres, de nos jours aussi les prodigieuses destinées d'un ravageur du monde ont bien le droit d'éclairer encore et le siècle présent et les siècles futurs.

Qu'il relise surtout la proclamation du prince dont l'orgueil ravalé, comme tout orgueil, à la condition de la brute, s'humilioit enfin après les sept années de ce miraculeux châtiment, et qu'il nous dise si le solitaire de l'Atlantique n'a pas dû y trouver lui-même la prophétie de son propre sort. Mais, pour abréger, ne prenons que la fin des paroles royales dans deux actes solennels : « Maintenant donc, moi, Nabuchodonosor, je publie la louange, la grandeur et la gloire du Roi des cieux ; car toutes ses œuvres sont

---

* *Souvenir du Ciel*, p. 181.

dans la vérité, tous ses sentiers dans la justice, et il lui appartient d'humilier ceux qui sont dans les voies de l'orgueil (1). » — « ..... A tous les peuples et nations de toute langue dans l'univers : Que la paix abonde au milieu de vous. Le Dieu très-haut a opéré des miracles et des merveilles devant moi. Il me plaît de publier ces miracles à cause de leur grandeur, et ces merveilles à cause de leur puissance ; car son empire est un empire éternel et il s'étend sur toutes les générations (2). »

Sans doute la comparaison entre le roi de Babylone et le despote enchaîné au milieu de l'Océan, ne sauroit être d'une entière exactitude en tous points ; mais, au fond, le supplice de l'orgueil châtié n'est-il pas éclatant de part et d'autre ?

Et l'on peut croire aussi qu'il a opéré, durant le martyre de Napoléon, les mêmes fruits de salut.

La main jadis si puissante qui a tracé et signé ces humbles lignes : *Je meurs dans la religion apostolique et romaine dans laquelle je suis né*, cette main rejetoit ainsi, et bien loin, toute pensée et toute reminiscence d'orgueil ; elle imploroit donc et le pardon et les bénédictions du Christ, aux portes de l'éternité. Une telle proclamation de foi ne vaut-elle pas celle de Nabuchodonosor ? Elle interdit du moins la discussion des faits secondaires qui rentrent dans l'examen de conscience et dans les aveux dont le ministre sacré

____

(1) DANIEL IV-34.

(2) Ibid III-98 et suiv. — V. la corrélation des deux textes, dans le commentaire. (*Anges de la Bible.*)

étoit le seul confident, au nom du Souverain Juge.; et dès lors la sentence du noble casuiste qui ose publier non pas le doute, mais le déni de la *prétendue conversion*, est elle-même condamnée comme téméraire.

La chaire sacrée pourra donc encore et toujours retentir, à la gloire du Très-Haut, de toutes les grandes leçons venues du rocher de Sainte-Hélène.

Mais le commentaire, pour être instructif, doit être vrai, juste, équitable, et surtout chrétien.

Vrai, il ne dit point que jamais Napoléon ait été *adoré* de la France ; mais que tantôt il l'éblouit, et tantôt il la meurtrit de sa gloire sanglante. Il ne dit point non plus que le héros détrôné revint de l'exil porté sur les bras de son peuple ; mais qu'une vaste trahison militaire l'a seul ramené un moment aux Tuileries et sur les champs de bataille, pour son propre malheur et celui de l'Europe entière :

Juste, il ne lui sacrifie point les maximes fondamentales du droit public ; mais il gémit sur les désastres qui sont la suite inévitable de leur violation :

Équitable, il fait la part de la foiblesse humaine, et il nous prosterne devant la miséricorde, comme devant la rigueur des décrets divins :

Chrétien surtout, il nous montre le doigt de la Providence écrit à toutes les pages de l'histoire contemporaine.

Sommes-nous bien loin de Constantin, dont le

souvenir a commencé cette controverse historique?
Assurément, non ! il est aussi au nombre des princes
dont le sort en ce monde est tout à la fois une leçon
pour les peuples, et un souvenir à la gloire de Dieu.
Tout ce que le lecteur en a pu voir dans les œuvres
de M. le prince de Broglie et du père Lacordaire,
comme dans celle-ci , en offre l'irrécusable témoignage.

A la fin de la même année 1859, date de cette discussion, j'avois composé une nouvelle œuvre dramatique, intitulée *Adélaïde de Bourgogne*, reine d'Italie,
dont je ne citerai rien pas plus que de Constantin.
Mais les faits qui en forment le sujet ont une telle
analogie avec ce que nous voyons depuis trois ans
dans la malheureuse Péninsule, que c'étoit véritable-
ment un drame de circonstance. On peut en juger
par quelques lignes de la préface qui ont toujours leur
actualité dans la question italienne ; il y avoit de
quoi intéresser le père Lacordaire.

« Comme reine , comme impératrice et comme
sainte, Adélaïde de Bourgogne occupe dans l'histoire du moyen - âge une place éminente. Elle a
mérité l'admirable surnom de *Mère des royaumes*,
tant elle s'étoit vouée au bonheur des peuples. Aussi
n'a-t-elle pas été sans influence sur le règne d'Othon-
le-Grand dont elle a partagé la gloire dans la restauration de l'empire d'Occident. C'est par elle que
l'émule de Charlemagne a reconquis, par la pacifica-
tion de l'Italie, des droits contestés ; et sans doute,

s'il eût toujours suivi les inspirations de la pieuse impératrice, le bien qu'il a fait n'eût pas été mélangé parfois de regrettables souvenirs......

« Ce fut (lui), Othon Ier, comme le rappelle l'histoire générale de l'Église, liv. XXIX, qui délivra l'Italie de l'oppression où elle gémissoit depuis plus d'un siècle, par suite des factions et de la jalousie d'une multitude de petits tyrans, les uns ducs de Frioul ou de Spolète ; les autres, rois d'Arles ou d'une partie de la Bourgogne ; les derniers, simples marquis d'Yvrée en Piémont ; tous s'arrogeant et s'arrachant tour à tour, avec la prépondérance en Italie, le titre imposant et stérile d'empereur. »

« Ces pages de l'histoire semblent se refaire aujourd'hui avec d'autres formes et d'autres noms, où la vérité est scandaleusement dissimulée sous les dehors les plus imposants....

« Les coupables de notre temps peuvent lire leurs propres destinées dans celles de leurs devanciers, et les fidèles doivent répéter, après *les gémissements de la prière, qui sont une arme avec laquelle nous avons vaincu plus d'une fois,* ces autres paroles d'un saint prélat : « Si la possession du Chef de l'Église est mise en doute, que toutes les familles souveraines qui règnent aujourd'hui s'apprêtent à descendre du trône : qu'elles y prennent garde ! s'il leur convenoit d'assister avec impassibilité à l'atteinte portée au pouvoir le plus vénérable qui soit sur la terre, un jour viendra où le scrutin s'ouvrira aussi pour elles ; et ce nouveau mode de renverser et de créer des rois, au gré de quelques intrigants ambitieux, pourra leur devenir fatal (1). »

« Les périls de l'ère actuelle ne sont pas les mêmes pour l'Œuvre de Dieu que les périls du xe siècle, mais, quels qu'ils soient, il est écrit que l'Église subsistera éternellement et que les portes de l'enfer ne prévaudront point contre elle.

« De nos jours, le Christ semble être redescendu sur la terre en la personne du Chef de son Église, et surtout pour proclamer la gloire immaculée de sa Mère. La barque mystérieuse est menacée, et il ne dort pas ! mais les nuages s'amoncellent ; les vents sont déchaînés ; et, sous ce rapport, nous pouvons redire, sur les calamités présentes, ce que l'auteur de l'Histoire générale de l'Église, liv. xxviii, appliquoit aux orages qui ont précédé et suivi le règne d'Adélaïde : « Si le vaisseau de l'Église ne s'est pas brisé contre de tels écueils, c'est qu'il est gouverné par la main du Seigneur et non par le bras des hommes ; s'il a évité ce naufrage, il n'en est point qui puisse l'engloutir. »

« Ces réflexions ne sont pas étrangères aux drames destinés à éclairer le triomphe des règnes providentiels et à propager les vérités saintes. Il y auroit sans doute plus que de la témérité à mettre en scène un prêtre de Dieu, une âme consacrée à Dieu ; et nous nous garderons bien d'un pareil exemple. Mais nous sommes libre de faire parler nos personnages de tout

(1) Lettre circulaire de Mgr l'archevêque de Tours du 8 octobre 1859.

ce qui intéresse la foi, dans les malheurs et les consolations de l'Église. Nous croyons respecter en cela,
comme en tous points, les encouragements donnés
aux auteurs catholiques par le Gouvernement pontifical..... Et d'ailleurs quelle plus intéressante matière
aux méditations des esprits élevés et à la clairvoyance
du bon sens public, que ces luttes où la doctrine
sacrée étale ses fruits en regard des fruits de l'iniquité ! Quelle étude sur deux époques mémorables !
sur l'époque où l'on veut spolier indignement le
Père commun des fidèles, régnant dans la majesté de
ses vertus ; et sur l'époque où la foi étoit assez générale et assez vive pour dompter le crime couronné et
pour conduire toutes les ambitions aux pieds du
représentant de Dieu sur la terre, alors même que
la triple tiare devoit se couvrir des voiles du deuil
et de la douleur ! L'enseignement dramatique a donc
ici sa place.....

« Encore une fois, quel rapprochement ! et quelle
étude ! On voit clair dans les passions du moyen-âge ;
mais, dans celles de notre temps, d'un côté dissimulation profonde ; de l'autre indifférence aveugle, ou
cupidité sans frein. Et comment déchirer entièrement, et à tous les yeux, le voile qui couvre le principal mobile de tous les bouleversements ? »

Sous tous ces points de vue *Adélaïde de Bourgogne* devoit donc intéresser le père Lacordaire. Je
la lui envoyai.

Quelque temps après, j'eus à lui faire part d'un
grand deuil de famille ; et aussi à lui dire quelques

mots de son élection à l'Académie française. Je l'en félicitois moins que l'Académie elle-même, et j'y trouvois un heureux symptôme en l'honneur de la religion.

Sa réponse n'est pas seulement touchante pour son vieil ami, mais elle mérite d'être connue en ce qui le concerne lui-même :

« Sorèze, 14 mars 1860.

« MONSIEUR ET CHER ANCIEN PATRON ,

« J'ai appris avec peine, par votre lettre du 6 de ce mois, la perte cruelle que vous avez faite de l'un de vos petits gendres qui laisse veuve à vingt-deux ans l'une de vos petites-filles. Quoiqu'il vous reste beaucoup pour combler ce vide, je comprends qu'il a dû vous être bien douloureux.

« Comme vous, très-cher Monsieur, j'ai vu dans mon élection à l'Académie française un honneur pour la religion, honneur même imprévu et singulier dans notre siècle ; et c'est ce qui m'y a rendu plus sensible que la satisfaction de l'amour-propre. Mon élection a été sanctionnée par le chef de l'État, mais ma réception n'aura lieu qu'en janvier 1861. Bien des événements, plus que des mois, nous séparent de ce moment ; et Dieu sait dans quelles circonstances je parlerai.

« Je vous remercie cordialement de votre Adélaïde de Bourgogne, et j'admire que vous puissiez encore émouvoir votre verve. Mais le cœur du chrétien, qui est la vraie source de la poésie, est toujours jeune.

« Veuillez présenter mes hommages et mon souvenir à tous les vôtres, et agréer pour vous-même, Monsieur et cher Patron, l'expression de mes sentiments de haute estime et d'attachement.

« F^r Henri-Dominique Lacordaire,
« des Fr. Prêch. »

On pouvoit espérer que le père Lacordaire, assis au fauteuil académique, y déploieroit largement le drapeau de la liberté religieuse. L'attente fut trompée. Le nouvel académicien, se renfermant en quelque sorte dans son prédécesseur, ne s'occupa guère que du livre de *La Démocratie en Amérique*, et du peuple qui en est le héros, dont les *qualités, ou plutôt les vertus,* comme disoit l'orateur en les exaltant, faisoient leur grand naufrage, presque au même jour et à la même heure, dans le sang d'une guerre fratricide.

Aussi M. de Montalembert lui-même n'a cité du discours de réception qu'une moitié de phrase presque insignifiante ; et M. Hello a peut-être une excuse au jugement qu'il a porté avec sa rude énergie, en ces mots : « Que cette tache soit effacée ! que ce souvenir soit détruit ! »

Nouvelle preuve, hélas ! que le contact du grand moine avec les choses du siècle lui a toujours été fatal.

Il a dû en avoir lui-même le sentiment amer, et il a pu en être encore plus affecté, s'il faut en croire la révélation qui nous est faite, sous d'autres rapports, par l'intime confident de ses pensées, surtout en la rapprochant des germes de la maladie mortelle dont il fut atteint peu de temps après sa réception. « Il connut donc, nous dit M. de Montalembert (p. 254), il connut donc, dans toute son intensité, ce qu'il appeloit le poignant chagrin des hommes et des choses d'aujourd'hui. On peut le dire littéralement, il en fut dévoré. Et ce n'est pas trop s'avancer que de croire que sa vie en fut abrégée, au moins autant que par ses austérités excessives. Que nul ne lui en fasse reproche : ceux qui ne connoissent point de telles douleurs sont plus à plaindre que ceux qui en meurent.»

Quelles paroles ! que leur intention soit pure : Dieu le veuille ! mais est-elle réfléchie ? Quoi ! le même confident qui a si bien, trop bien dépeint, à son point de vue, le peu de souci du père Lacordaire pour l'opinion des hommes (p. 39 *sup.*), ose imaginer qu'il a pu mourir de chagrin de ce qu'il appelle en matière politique, leur *apostasie !*

La lettre confidentielle dont il veut appuyer son dire est malheureusement empreinte d'une sorte de colère qui, pour être sainte, n'en est pas moins douloureuse à entendre, surtout près de la tombe du bien-aimé Père ! Mais cette même confidence qui jamais n'auroit dû être révélée, sert néanmoins ici de nouveau témoignage contre la déplorable amitié qui a suscité, entretenu et attisé ce feu dans le cœur du bon prêtre, et lui a trop souvent, nous le redisons, prêté les échos *d'une voix qui n'est pas la sienne*.

Que l'ami survivant y pense donc enfin lui-même avec plus de calme, et qu'il comprenne, au milieu de ses contradictions, tout ce qu'il y a de téméraire, dans le rapprochement d'une douleur politique avec les *austérités excessives* d'un pieux moine, et qui enfin va jusqu'à présumer que leur concours a pu causer sa mort !

Le père Lacordaire n'a-t-il pas prêché l'amour de la Croix, des persécutions, des épreuves et de l'humiliation ? et vous osez croire qu'elles ont tué son énergie ! En admettant même que l'Église y fût grandement intéressée, n'est-ce pas là aussi la vie, le pain quotidien de l'Église ? Et de cette vie vous faites la mort d'un courageux moine ! Encore une fois y avez-vous réfléchi ?

Mais puisque le public est initié ainsi à de tels secrets, c'est un devoir que d'examiner encore sous toutes ses faces l'écrivain responsable d'une indiscrétion égale à son imprudence.

On va voir comment il fait servir aux ressentiments politiques les dons de Dieu, et comment les triomphes de l'éloquent dominicain sont détournés de leur céleste but.

Appelant d'abord à son aide la mère adoptive du père Lacordaire, M. de Montalembert ouvre ainsi (pag. 136) la charge qu'il prépare lui-même contre ses adversaires politiques : « Il y a des paroles, dit

Mme Swetchine, qui valent les meilleures actions, parce qu'en germe elles les contiennent toutes; et lorsque le regard, l'accent leur sont fidèles, ce n'est plus la terre, c'est la révélation de l'infini. » C'est précisément, reprend-il, ce regard, cet accent dont Lacordaire avoit plus qu'aucun autre le secret, qui fait le charme et le prix de l'éloquence et qui donne à la parole parlée une supériorité si infinie sur la parole écrite. Pourquoi Cicéron parmi les anciens, Bossuet parmi les modernes, qui ont beaucoup plus écrit que parlé, sont-ils surtout célèbres comme orateurs? Pourquoi Démosthènes, Périclès, Chatam, Burke, Mirabeau, excitent-ils, après un siècle et après vingt siècles, une admiration sans rivale? C'est que l'homme a besoin d'entendre, de voir celui qui lui prêche la justice et la vérité. La multitude et la postérité elles-mêmes qui n'ont jamais vu ni entendu l'orateur ont besoin, pour croire en lui, de savoir que, à un jour donné, il s'est montré à visage découvert devant ses semblables, qu'il a échangé son regard avec le leur, bravé leurs murmures ou commandé leur silence : elles ont besoin de savoir qu'on a pu lire sur son front et dans son attitude si tout en lui répond à sa parole; s'il n'est pas une de ces âmes équivoques qui distillent dans l'ombre, sans émotion et sans péril, des homélies ou des imprécations. Là est la pierre de touche de la sincérité, de l'autorité, du courage, le secret de cet ascendant supérieur du grand don de l'éloquence qui désespère tous les scribes de bas étage dont la bouche ne s'est jamais ouverte en public, qui excite leur implacable dépit, qui leur fait dire comme aux Athéniens esclaves des Césars et rebelles à la prédication de saint Paul : *Quid vult seminiverbius hic ?* » etc.

Dépense d'esprit et d'érudition en pure perte ! combien de grands hommes, combien de vrais sages, combien de pieux auteurs, dont l'éloquence n'a jamais hanté ni place, ni tribune, ni assemblée publiques.

Au surplus, on comprend trop bien que l'ancien pair de France n'a pas seulement en vue l'humble moine, mais aussi un personnage dont il ne pouvoit dire s'il avoit cette action, ce regard, cet accent, ce geste, *qui achève la parole.*

Malgré sa juste réticence, son invention, quelque ingénieuse qu'elle soit, n'en est pas moins une injure à tous les écrivains dont un grand nombre d'ailleurs n'y seroient pas compris, s'il leur eût été donné de se révéler comme orateurs.

Il n'a pas même épargné sous un autre point de vue son cher Lacordaire. Il lui reproche (c'est là du moins le résultat de ce qu'on va lire), il lui reproche ainsi de n'avoir pas été un esprit universel : « Son goût littéraire et ses connoissances historiques manquoient, j'oserai le dire, de sûreté et d'étendue. Pas plus que M. de Lamennais, il n'avoit étudié sérieusement l'histoire, surtout celle du moyen-âge ; il n'avoit trempé par aucun côté dans la grande rénovation des études historiques qui est un des traits distinctifs et l'une des meilleures gloires de notre siècle. On eût dit que son érudition se bornoit d'une part au *De viris* et à *Cornelius Nepos* ; de l'autre aux classiques purement scolaires, appris par cœur dès son enfance. Ce *romantique échevelé*, comme on le croyoit et comme on le disoit beaucoup, étoit au contraire le plus obstiné et j'ajouterai le plus étroitement obstiné des classiques. La mythologie, l'histoire grecque et romaine lui sembloient un arsenal inépuisable. Jamais, de notre temps du moins, on n'a plus usé et abusé de Brutus et de Socrate, d'Epaminondas et de Scipion. Il s'étoit fait ainsi un petit bagage littéraire dont il ne se séparoit jamais, dont il tiroit souvent un parti merveilleux, mais dont en général il n'usoit pas assez sobrement, etc. » (pag. 145 et 146.)

Décidément M. de Montalembert est donc ici l'homme du monopole, comme il est l'homme des contradictions. Dans le livre même où il réduit à presque rien les études historiques de Lacordaire, il transcrit des lignes de son ami mourant qui démentent quelque peu cette assertion. C'est au *flambeau de la mort*, qu'on va en juger.

Voici ce que nous y lisons page 102 : « Les motifs qui déterminèrent sa vocation monastique, les circonstances critiques et singulières qui l'accompagnèrent, les raisons qui lui firent choisir l'Ordre des frères-prêcheurs plutôt que tout autre, viennent d'être racontés par lui dans un écrit qui mettra le sceau à sa renommée et qui comptera, j'ose l'affirmer, parmi les plus beaux monuments de l'histoire catholique. Nées d'un véritable miracle de courage moral et *dictées par lui avec une sûreté et une rapidité sans égales,* pendant le dernier mois de sa vie mortelle, ces pages dont chacune a été précédée ou suivie d'atroces douleurs, feront voir son style arrivé à la perfection et son mâle génie comme illuminé pas ce *terrible flambeau qu'on allume aux mourants*. J'emprunte à ce grave document dont la publication a été confiée à M, l'abbé Peyrrève, quelques lignes qui suppléent à tout.

« Mon séjour à Rome me permettant beaucoup
« de réflexions, je m'étudiois moi-même et j'étudiois
« aussi les besoins généraux de l'Église... Il me sem-
« bloit donc que depuis la destruction des Ordres
« religieux, elle avoit perdu la moitié de ses forces.
« Je voyois à Rome les restes magnifiques de ces
« institutions fondées par les plus grands saints ; et
« sur le trône pontifical siégeoit alors, après tant
« d'autres, un religieux sorti du cloître illustre de
« Saint-Grégoire le Grand. L'histoire, plus expressive
« encore que le grand spectacle de Rome, me mon-
« troit, dès la sortie des catacombes, cette suite
« incomparable de cellules, de monastères, d'ab-
« bayes, de maisons d'étude et de prière, semées des
« sables de la Thébaïde aux extrémités de l'Irlande,
« et des îles parfumées de la Provence aux froides
« plaines de la Pologne et de la Russie. Elle me
« nommoit saint Antoine, saint Basile, saint Augus-
« tin, saint Martin, saint Benoit, saint Colomban,
« saint Bernard, saint François d'Assise, saint Domi-
« nique, saint Ignace, comme les patriarches de ces
« familles nombreuses qui avoient peuplé les déserts,

« les forêts, les villes, les camps, et jusqu'au siége de
« saint Pierre, de leurs héroïques vertus. Sous cette
« trace lumineuse, qui est comme la voie lactée de
« l'Église, je discernois, pour principe créateur, les
« trois vœux de pauvreté, de chasteté et d'obéissance,
« clefs de voûte de l'Évangile et de la parfaite imita-
« tion de Jésus-Christ..... C'est en vain que la cor-
« ruption avoit, tantôt d'un côté, tantôt de l'autre,
« rongé ces vénérables instituts. Cette corruption
« elle-même n'étoit que la flétrissure de longues
« vertus, comme on voit dans les forêts où la hache
« n'entre pas, tomber des arbres séculaires sous le
« poids d'une vie qui vient de trop loin pour résister
« à la caducité. Falloit-il croire que l'heure étoit
« venue où l'on ne reverroit plus ces grands monu-
« ments de la foi et ces divines inspirations de
« l'amour de Dieu et des hommes? Falloit-il croire
« que le vent de la Révolution, au lieu d'être pour
« eux une vengeance passagère de leurs fautes, avoit
« été l'épée et le sceau de la mort? Je ne pouvois le
« croire; tout ce que Dieu a fait est immortel de
« sa nature, et il ne se perd pas plus une vertu dans
« le monde qu'il ne se perd un astre dans le ciel.

« Je me persuadois donc, en me promenant dans
« Rome, et en priant Dieu dans ses basiliques, que
« le plus grand service à rendre à la chrétienté au
« temps où nous vivons, étoit de faire quelque chose
« pour la résurrection des Ordres religieux. Mais
« cette persuasion, tout en ayant pour moi la clarté
« même de l'Évangile, me laissoit indécis et trem-

« blant, quand je venois à considérer le peu que
« j'étois pour un si grand ouvrage. Ma foi, grâce à
« Dieu, étoit profonde. J'aimois Jésus-Christ et son
« Église par-dessus toutes les choses créées.....
« J'avois aimé la gloire avant d'aimer Dieu, et rien
« autre chose. Cependant, en descendant en moi, je
« n'y trouvois rien qui me parût répondre à l'idée
« d'un fondateur ou d'un restaurateur d'Ordre. Dès
« que je regardois ces colosses de la piété et de la
« force chrétienne, mon âme tomboit sous moi,
« comme un cavalier sous son cheval. Je demeurois
« par terre, découragé et meurtri. L'idée seule de
« sacrifier ma liberté à une règle et à des supérieurs
« m'épouvantoit. Fils d'un siècle qui ne sait guère
« obéir, l'indépendance avoit été ma couche et mon
« guide. Comment pourrois-je me transformer subi-
« tement en un cœur docile, et ne plus chercher que
« dans la soumission la lumière de mes actes?.....

« Ce n'étoit pas tout : les obstacles extérieurs se
« dressoient devant moi comme des montagnes...
« Aucune association, même littéraire ou artistique,
« ne pouvant s'établir en France sans une autorisa-
« tion préalable, cette servitude extrême, mais
« acceptée, donnoit aux préjugés un moyen facile
« de se couvrir contre toute invocation du droit
« naturel et du droit public. Que faire dans un pays
« où la liberté religieuse, admise de tous comme un
« principe sacré au monde nouveau, ne pouvoit
« cependant protéger dans le cœur d'un citoyen
« l'acte invisible d'une promesse faite à Dieu, et où

« cette promesse, arrachée de son sein par des inter-
« rogatoires tyranniques, suffisoit pour lui ravir les
« avantages du sort commun? Quand un peuple en
« est là, et que toute liberté lui paroît le privilége
« de ceux qui ne croient point contre ceux qui
« croient, peut-on espérer d'y voir jamais régner
« l'équité, la paix, la stabilité, et une civilisation
« qui soit autre chose que le progrès matériel?

« On le voit, ma pensée ne rencontroit nulle part
« que des écueils. Et moins heureux que Christophe
« Colomb, je ne découvrois pas même une planche
« pour me porter au rivage de la liberté. Ma seule
« ressource étoit dans l'audace qui animoit les pre-
« miers chrétiens, et dans une inébranlable foi dans
« la toute-puissance de Dieu.... Il y a toujours dans
« le cœur de l'homme, dans l'état des esprits, dans
« le cours de l'opinion, dans les lois, les choses et les
« temps, un point d'appui pour Dieu. Le grand art
« est de le discerner et de s'en servir, tout en met-
« tant dans la vertu secrète et invisible de Dieu lui-
« même le principe de son courage et de son espé-
« rance. Le christianisme n'a jamais bravé le monde;
« jamais il n'a insulté la nature et la raison ; jamais
« il n'a fait de sa lumière une puissance qui aveugle
« à force d'irriter; mais aussi doux que hardi, aussi
« calme qu'énergique, aussi tendre qu'inébranlable,
« il a su pénétrer l'âme des générations, et ce qui lui
« restera de fidèles jusqu'au dernier jour ne lui sera
« conquis et gardé que par les mêmes voies.

« Je m'encourageai par ces pensées, et il me

« venoit à l'esprit que toute ma vie antérieure, et
« jusqu'à mes fautes, m'avoit préparé quelque accès
« dans le cœur de mon pays et de mon temps. Je
« me demandois si je ne serois pas coupable de
« négliger ces ouvertures par une timidité qui ne
« profiteroit qu'à mon repos, et si la grandeur même
« du sacrifice n'étoit pas une raison de le tenter....

« Pressé par la situation même et sollicité par
« une grâce plus forte que moi, je pris enfin mon
« parti ; mais le sacrifice fut sanglant. Tandis qu'il
« ne m'en avoit rien coûté de quitter le monde pour
« le sacerdoce, il m'en coûta tout d'ajouter au sacer-
« doce le poids de la vie religieuse. Toutefois, dans
« le second cas, comme dans le premier, une fois
« mon consentement donné, je n'eus ni foiblesse ni
« repentir, et je marchai courageusement au-devant
« des épreuves qui m'attendoient. »

Ce labeur d'un mourant, surtout quand il appa-
roîtra complet, ne sera pas seulement *l'un des plus
beaux monuments de l'histoire catholique,* mais,
comme beaucoup d'autres œuvres du père Lacordaire, il le vengera du brevet d'ignorance que lui
décerne son ami. Des pages dictées ainsi *avec une
sûreté et une rapidité sans égales,* sur un lit de douleur, devenu bientôt un lit de mort, et qui, d'un
côté, passent en revue dans le cours des siècles, et
dans presque tout l'univers, les fondations et les
colonies des Ordres religieux ; et de l'autre, parcou-
rant historiquement tous les âges du christianisme,
proclament avec la même sûreté qu'il n'a *jamais*

bravé le monde, jamais *insulté la nature et la raison,* jamais *fait de sa lumière une puissance qui aveugle à force d'irriter,* mais que *toujours il a su pénétrer l'âme des générations,* assurément de telles pages ne sont pas d'un homme sans étude sérieuse de l'histoire, et surtout de celle qui importoit le plus à son apostolique mission.

Que l'historien érudit de sainte Élisabeth de Hongrie et des Moines d'Occident ait approfondi une science indispensable à de pareilles œuvres, et qu'il ait *trempé par ce côté dans la grande rénovation des études historiques qui est,* comme il le dit, *l'un des traits distinctifs et l'une des meilleures gloires de notre siècle,* rien de mieux. Mais qu'il prenne texte de là pour déplorer ce qui lui paroit avoir manqué à d'autres, et particulièrement au père Lacordaire, rien de moins avenant au bon goût et au droit sens, alors même que les officieux regrets ne seroient pas manifestement exagérés, et avec un retour de complaisance trop visible sur celui qui les exprime publiquement.

Au surplus M. de Montalembert se contredit encore ici. Lui qui refuse à l'illustre dominicain la science historique, il le trouve néanmoins de force à lutter contre le docte abbé de Solesmes dans la controverse relative au système de M. le prince de Broglie, car il cite avec admiration, page 267, les deux articles publiés dans le *Correspondant* du 25 septembre 1856 et du 25 juin 1859.

Il est temps d'en finir avec de pareilles contradictions et de rappeler définitivement M. de Montalembert à sa propre conscience.

Ici tout est public, tout est déjà jugé, longtemps avant que j'aie osé prendre la parole sur son œuvre. On est en droit d'attendre aujourd'hui, du sentiment qui lui a d'abord dicté la confession de quelques-unes de ses fautes, le complément qu'elle réclame. Loin de nuire à sa juste renommée, cette réparation ne fera qu'ajouter une couronne de plus à toutes celles qu'il a méritées, et ce ne sera pas la moins glorieuse.

O vous donc qui avez tant de droits à retrouver enfin partout ce dont vous avez eu toujours *un égal souci*, même dans vos illusions, *le salut et l'honneur*, permettez à un vieillard, ami de votre ami, et qui prend sa confiance dans ce rapprochement, de vous ménager au nom du bien-aimé défunt, des conseils plus humbles que *la voix foudroyante* dont vous espérez en vain *évoquer l'éclat du sein de sa tombe!* Quand ses yeux, avant de s'éteindre sur la terre, imploroient encore, au défaut de la parole expirante, le Divin Crucifié, et quand il avoit à peine la force de dire : *Je ne puis plus le prier, mais je le regarde!* bien certainement il n'a voulu emporter avec lui ni les foudres, ni les anathèmes dont vous avez soufflé le feu ; il a laissé le soin des justices à Celui-là seul à qui elles appartiennent, qui est aussi le Dieu des miséricordes, et à qui il a dit avec tant de foi et tant d'amour, dans son dernier soupir : *Ouvrez-moi ! ouvrez-moi !*

La prière, la prière, la prière au bord de la tombe !
et toujours la voix suppliante ! *la voix foudroyante ,*
jamais !

« La prière est la clef des portes éternelles. »

Puisse cette dernière doléance porter ses fruits !
Et celui à qui elle s'adresse en recueillera lui-même
de bienheureuses consolations.

DERNIER COUP D'ŒIL

OU SE RÉSUME LA VIE DU PÈRE LACORDAIRE

———

A toutes les phases de sa carrière, l'illustre dominicain apparoît *dans l'audace et dans l'humilité de son génie*.

Il s'annonce d'abord lui-même, à ce double point de vue, dans les confidences de sa jeunesse : «Nul homme n'a plus d'énergie que moi, nul homme n'est plus foible que moi; nul homme n'est plus audacieux, et nul n'est plus timide. »

Il fut en effet audacieux jusqu'à l'incrédulité. Mais aux premiers rayons de la foi, il foule aux pieds l'amour-propre *dont il a vécu* jusque alors; il devient humble.

Dans ses rêves ambitieux, il avoit choisi pour théâtre de son éloquence, la capitale européenne; déjà un commencement de renommée s'y préparoit pour lui;

il en étoit heureux ; et à propos de l'affaire solennelle (une question d'État) qu'il devoit plaider contre le plus célèbre avocat de l'époque, il s'écrioit : *C'est magnifique !* Plus l'adversaire étoit placé haut, plus sa vaillance vouloit en triompher ; et il avoit bien d'autres espérances.

Il quitte tout, et il congédie la vaine gloire.

Le voilà chrétien, le voilà prêtre ! et il se voue encore à l'obscurité durant des années, pour amasser dans le travail et la prière les trésors de la science divine.

Une immense révolution éclate comme la foudre ; et soudain, dans sa pieuse audace, il espère démocratiser entièrement l'idée chrétienne ; et il pousse les doctrines de l'*Avenir* plus loin que le comte de Montalembert, et plus loin encore que l'abbé de Lamennais.

Puis, tout à coup, il se soumet le premier à la paternelle censure du Chef de l'Église ; et son édifiant exemple convertit un moment l'orgueilleux prêtre, et complétement enfin le noble laïque.

Son extrême témérité le portoit, dès le principe, à l'avant-garde ; mais son humilité le replonge au fond de sa silencieuse retraite ; et il s'y console en *vainqueur victorieux,* avec ce mot répété par lui plus solidement qu'il n'avoit pu être dit par Montaigne : *Il y a des défaites triomphantes à l'envi des victoires.*

Qu'elle est touchante, la prière qui lui avoit préparé ce triomphe ! C'est lui qui la révèle aussi humblement qu'il l'avoit faite : « Arrivé à Rome, au tombeau des saints apôtres Pierre et Paul, je me suis agenouillé, j'ai dit à Dieu : Seigneur, je commence à sentir ma foiblesse ; ma vue se couvre ; l'erreur et la vérité m'échappent également ; ayez pitié de votre serviteur qui vient à vous avec un cœur sincère ; écoutez la prière du pauvre (1). »

Il ajoute qu'il est *sorti de Rome libre et victorieux ;* et il n'use de cette liberté que pour s'enfermer de nouveau et se mûrir, solitaire encore, devant Dieu.

Sa pieuse mère meurt dans ses bras ; et sa seconde mère, Madame Swetchine, lui rend bientôt à lui-même ce témoignage : *Je n'ai rencontré personne qui eût une liberté aussi hardie dans une foi aussi solide ;* c'est-à-dire dans l'humilité, base essentielle de la foi, comme de toute vertu.

La charité seule l'enlève à sa retraite ; il vole au chevet des cholériques, et il les sauve pour l'éternité ; puis il retourne à sa chère solitude en s'écriant : *C'est mon élément, ma vie !*

S'il en sort, c'est pour essayer la conquête des âmes. Je l'en ai fait sortir moi-même une fois avant les doléances, pour la grande consolation d'une famille patriarcale où il apparut comme l'ange de Tobie et dont il devint quelquefois l'hôte, et à toujours l'ami.

Son ardeur évangélique n'étoit arrêtée que par la plus modeste résignation. Après un essai de prédication très-peu encourageant, voici comment il se juge

---

(1) *Considérations sur le système philosophique de M. de Lamennais,* Chap. XII.

dans son humble pensée : « Il m'est évident que je n'ai ni assez de force physique, ni assez de flexibilité dans l'esprit, ni assez de compréhension du monde où j'ai toujours vécu et vivrai toujours solitaire, enfin *rien assez* de ce qu'il faut pour être un prédicateur dans la force du terme. Mais je puis un jour être appelé à une œuvre que réclame la jeunesse et qui lui soit uniquement consacrée... Si je puis utiliser ma parole pour l'Église, ce seroit uniquement dans le genre apologétique, c'est-à-dire dans cette forme où l'on rassemble les beautés, les grandeurs, l'histoire et la polémique religieuse, pour agrandir le christianisme dans les esprits et y engendrer la foi. »

Bientôt cependant, il s'essaye encore dans les conférences de Stanislas, et il est plus heureux cette fois ; il domine et les enthousiasmes, et les clameurs que provoque au dedans et au dehors l'originalité d'une parole qui, dans le fond, et sauf quelques écarts d'improvisation, restoit toujours toute chrétienne.

La bonne impression demeure ; les critiques se taisent, ou sont oubliées, et l'archevêque de Paris lui-même, Mgr de Quelen, appelle le jeune prédicateur à de plus solennelles conférences dans la chaire de Notre-Dame.

Le triomphe de l'orateur est enfin complet, et les deux années 1835 et 1836 le proclament au loin, et pour l'honneur de l'éloquence sacrée, et pour le salut d'une multitude d'âmes ramenées à Dieu. La jeunesse surtout, à commencer par celle qui *a mis sa chasteté sous la garde de la charité, la plus belle des*

vertus sous la plus belle des gardes, la jeunesse surtout est comme suspendue aux lèvres de l'abbé Lacordaire, dont la parole a désormais un règne assuré.

Le grand évêque des jours du choléra et des
orages politiques impose silence aux censeurs du
nouveau prophète, par cette douce et joyeuse apologie : « Laissons-lui sa liberté : il a réconcilié la
jeunesse avec la soutane et le surplis. »

Le triomphe n'est donc plus contesté, et il en
promet bien d'autres encore ! mais le jeune orateur
les ajourne à un avenir lointain et ignoré ; il se condamne de nouveau lui-même à un long exil et à
l'austérité du cloître. Il ne veut remonter dans les
chaires de France qu'avec la liberté des Ordres religieux, avec l'humble audace du froc monacal.

Cette haute espérance lui étoit uniquement venue
de l'humilité ; on en est convaincu en écoutant les
adieux de l'exilé volontaire qui terminent les premières Conférences : « Je laisse entre les mains de
mon évêque cette chaire de Notre-Dame désormais
fondée par lui et par vous, par le pasteur et par le
peuple. Un moment ce double suffrage a brillé sur
ma tête : souffrez que je l'écarte de moi-même et que
je me retrouve seul quelque temps devant ma foiblesse et devant Dieu. »

Cinq années s'écoulent, et l'abbé Lacordaire,
devenu le père Lacordaire, remonte en effet avec le
froc dominicain dans les chaires de France, d'abord
à l'église métropolitaine de Bordeaux durant six
mois ; puis, au 14 février 1841, dans celle de Notre-

Dame de Paris, et de là à Nancy, à Metz, à Lyon, à Strasbourg et dans tout le royaume.

En 1843, il avoit repris le cours de ses conférences.

C'est, hélas! avant de les reprendre, c'est au commencement de l'an 1842 qu'il se livre, à Bordeaux, à Tours, et jusque dans la capitale, aux audacieuses manifestations dont il a fallu déplorer le retentissement. Bientôt, dans son humilité, il s'étonne, il se contriste, il se modère, et le succès de ses nouvelles prédications, loin de l'éblouir lui-même, le ramène doucement, en tout et partout, aux vrais sentiers de l'apostolat. On n'a plus à le plaindre désormais que de quelques foibles réminiscences de ses anciennes illusions ; mais le péril est définitivement conjuré.

Si la révolution de 1848 vient remuer encore l'audace d'une nature ardente, l'expérience et la maturité auront bien vite dissipé le nouveau prestige, et sa prédication à Toulouse couronne la grande œuvre des Conférences.

Que l'on parcoure maintenant les diverses productions de son génie, partout c'est l'audace de la foi et le parfum de l'humilité.

Ainsi, dans le monument de ses derniers jours, après avoir dit qu'avant d'aimer Dieu, *il avoit aimé la gloire et rien autre chose,* avec quelle franchise, en parlant du projet de restauration de l'Ordre de Saint-Dominique en France, et en méditant sur sa propre foiblesse, il ajoute : *mon âme tomboit sous moi comme un cavalier sous son cheval ; je demeurois par terre découragé et meurtri*. Mais enfin il retrouve toute son énergie avec cette inspiration : « Ma seule ressource étoit dans l'audace qui animoit les premiers chrétiens et dans une foi inébranlable à la toute-puissance de Dieu. »

Il ose donc, et il l'a dit, se servir *même de ses fautes,* humblement avouées, il en fait le marche-pied de son espérance, et le but se trouve atteint !

Autant son ambition étoit grande dans ses succès apostoliques, autant sa modestie l'éloignoit des labeurs superflus où il n'eût rencontré que de vaines couronnes et de stériles triomphes ; il n'a rien fait pour son propre compte en ce qui touche la terre ; il a tout fait pour Dieu et pour ses frères devant Dieu.

Et si l'on veut résumer en moins de mots encore toute sa sainte vie : il a fui les périls du monde et du barreau, quitté la gloire, abjuré l'erreur, déserté le siècle pour le cloître, abdiqué la législature, et, s'il en avoit eu le temps, il auroit fini sans doute par déplorer publiquement la dernière ovation où il a vu de trop près l'immortalité d'en bas, en méditant l'immortalité d'en haut.

Le voilà tout entier ! et toujours dans son audace et dans son humilité ; et il est le même partout.

Ce seroit une longue étude que d'en réunir comme en un faisceau les glorieux témoignages ; ils sont innombrables. Mais il en est un qui vaut à lui seul tous les autres, et je le contemple là précisément où une critique hasardée a cru trouver une erreur. Ne craignons pas de redire ses admirables paroles sur la *Vie intime de Jésus-Christ :* «Au même moment où il nous ouvre l'infini par son regard, il nous presse de ses deux bras sur son sein : on croit s'envoler par la pensée, on est retenu par la charité. »

Ainsi, l'intelligence à sa plus haute élévation, et sous le regard divin, s'aperçoit bien vite, quand elle est fidèle, qu'elle ne sauroit scruter l'Infini ; elle s'humilie, elle voit dans le cœur du Christ la porte du ciel, elle y entre au souffle de la grâce ; et ce que ne pourroit pas le génie, l'amour le peut ; l'humilité trouve ainsi toute science, toute gloire, toute félicité, dès ici bas, dans sa pleine communion avec Dieu : vérité d'autant plus manifeste qu'elle proclame en même temps l'égalité de tous les hommes, depuis le plus grand jusqu'au plus petit, au sein de leur Créateur et de leur Père. C'est ce que l'illustre mourant répétoit encore dans cette prière sublime : « Ouvrez-moi ! ouvrez-moi ! » et un acte de charité parfaite a pu le faire entrer ainsi à la dernière heure, en pleine possession de son Dieu, dans la splendeur de l'éternité.

A la suite d'une œuvre consacrée autant à la cause du droit, dans un intérêt universel, qu'à la mémoire du père Lacordaire, je donne une troisième édition de la Prophétie de Gaete et de Rome.

Ne désespérons jamais de la justice, même sur la terre !

Puisse du moins la vérité trouver sans cesse des échos retentissants dans tous les cœurs chrétiens ! Puisse leur concert unanime jeter quelque trouble salutaire dans la conscience des persécuteurs et les ramener au Dieu des miséricordes !

La poésie ne doit pas se taire en de telles rencontres.

Peut-être même a-t-elle alors pour mission de résumer, en quelques traits rapides, les phases de la lutte sacrée et d'en fixer plus vivement les résultats.

Que s'il n'est pas donné à l'auteur de frapper ainsi la médaille commémorative, il lui est permis du moins d'apporter son tribut au concert général de toutes les fidèles voix au pied des autels.

Le titre de *Prophétie* (est-il besoin de l'expliquer?) ne doit pas être pris dans le sens biblique; ce n'est

pas même, dans le sens le plus restreint, la prophétie du poëte, mais la prophétie de l'histoire, la prophétie des événements, et, sans sortir du texte, la
Prophétie de Gaëte et de Rome.

Elle est terminée par une sainte tradition qui reporte
au jour même de la mort de l'Homme-Dieu le tremblement de terre où le rocher de Gaëte, donnant sur
la mer, se fendit tout entier et reçut à l'instant même
dans son écartement un bloc aussitôt rattaché, comme
un pont suspendu, aux deux parois opposées. Une
chapelle est bâtie depuis des siècles sur cette espèce
d'arche; les flots de l'abîme grondent perpétuellement
au-dessous, et amènent la comparaison naturelle du
sanctuaire aérien avec la barque de Pierre.

N'oublions pas non plus qu'à la première persécution qu'il eut à subir de la part des ingrats comblés
de ses bienfaits, Pie IX médita le dogme de l'Immaculée Conception dans son exil à Gaëte, et en pré-
para dès lors la solennelle proclamation.

L'enfer s'en irrite; et le fier Goliath de Caprera se
promet d'extirper enfin, du haut du Quirinal, le
chancre de la Papauté.

Portæ inferi non prævalebunt.

LA PROPHÉTIE

DE

GAETE ET DE ROME

Dans tes murs foudroyés quel oracle céleste !
« Je sauverai l'honneur : Dieu sauvera le reste. »
  C'est la parole de ton roi,
  O Gaëte ! console-toi.
Pour l'œuvre du salut elle est déjà féconde,
Et, pareille à l'éclair, elle parcourt le monde,
Elle confond la haine, elle exalte la foi.

Espérance du juste et terreur de l'impie,
Elle éveille en sursaut la sagesse assoupie ;
  Sa force resplendit partout ;
  Sous la tempête elle est debout,
Tandis que l'imposture y rampe dans sa honte,
Et de tous ses forfaits bientôt va rendre compte,
En dépit du mystère, au Juge qui sait tout.

Oui, l'éternel Vengeur vengera la justice !
En vain l'iniquité garde un puissant complice,
    En vain la main des potentats
    Jette au vent le sort des États :
Tous les mortels s'en vont ; la vérité demeure ;
Après la sombre nuit le jour vient à son heure
Et flétrit à jamais le front des apostats.

Mais une royauté qui retrempe sa gloire
Irrite les méchants, desespérés d'y croire :
    Appuyée au cœur d'un Bourbon,
    Contre l'enfer elle tient bon.
Ah ! que pour la bénir les lèvres prophétiques,
Comme le fils d'Amos, entonnent leurs cantiques,
Purifiés au feu d'un radieux charbon !

Le jeune roi grandit sur ton rocher sublime,
Cité forte ! à son bras armé contre le crime
    Une autre force vient d'en haut :
    Celle-ci ne fait point défaut.
Que François règne encore, ou que François succombe,
Sois fière de son trône et fière de sa tombe ;
Les bruits venus des cieux nous ont dit ce qu'il vaut.

Son deuil se mêle au deuil du Pontife suprême...
De l'ennemi commun l'insolence est la même ;
      Que d'affronts aux plus saintes lois !
      Et que de martyrs à la fois !
De Judas couronné la parole sévère
Impose à tous leurs pas un seul but : le Calvaire,
Et laisse entre leurs mains un seul appui : la Croix.

Tous ils l'ont embrassée ! ILS VAINCRONT PAR CE SIGNE...
Vous qui du Seigneur Dieu dilapidez la vigne,
      Et vous, hypocrites fauteurs,
      Vous vous faites accusateurs !...
Le front encor chargé du poids des anathèmes,
Songez au châtiment ! vous en serez vous-mêmes,
Contre vous, les témoins et les exécuteurs.

Depuis le camp royal jusqu'à la casemate,
La trahison marchoit, en attendant Pilate...
      Et vous, habitants des palais,
      Rêverez-vous encor la paix ?...
Sachez-le : quand la fraude infecte une couronne,
Quel que soit le suffrage ou l'exploit qui la donne,
L'honneur en est absent et n'y viendra jamais.

Tremblons !... l'usurpateur ne lâche point sa proie ;
La mort est sa réponse, et la bombe l'envoie...
      Et le glaive dort dans les mains
      Des formidables souverains !
D'inutiles aveux sont sortis de leur bouche :
Si d'un Bourbon trahi l'infortune les touche,
C'est pour la contempler avec des yeux sereins.

Qui nous révélera le fond de leurs pensées ?...
Sont-ils donc étrangers aux grandeurs renversées ?
      Ou bien d'un si généreux sang
      Le triomphe est-il menaçant ?...
Jusque dans l'avenir ils en ont peur encore !
Pour eux trop lentement la terre le dévore
Et laisse respirer les droits de l'innocent.

Impatiens surtout de livrer Rome aux traîtres,
Pensent-ils en finir avec la voix des prêtres ?...
      « Le Christ n'a régné qu'au tombeau,
      « Et son sceptre étoit un roseau ;
« Que son représentant accepte donc l'aumône :
« Aux Pontifes l'autel, mais aux Césars le trône,
« Et que l'Église enfin retourne à son berceau ! »

Ainsi parle l'impie ; et cette nouvelle ère
Veut-elle ses Julien, ses Néron, ses Tibère ?...
       C'est pire ! écoutez quel signal
       Court de Caprère au Quirinal :
Plus de Pape ! ou du moins, de peur qu'il ne soit libre,
Tous les excommuniés vont trôner sur le Tibre,
Premiers et derniers rois de ce règne infernal.

Au moment où mon âme exhale sa tristesse,
L'explosion perfide ouvre la forteresse...
       Éventrée en torrents de feu,
       Gaëte éclate à son milieu...
L'héroïque tribu, Roi, Reine, et jeunes frères,
Vont porter dans l'exil leurs augustes misères,
Avec tout leur courage et sous l'aile de Dieu.

Gloire, gloire aux débris de leur fidèle armée !
Elle a vu jusqu'au ciel monter sa renommée ;
       Et quand, du haut de ses remparts,
       Saluant les tristes départs,
Trois fois elle inclina les royales bannières,
Quel échange elle a fait de pleurs et de prières
Où de l'honneur chrétien tous ils ont eu leurs parts !

Témoin ce cœur de femme, ineffable mélange
Du lion, de l'enfant, du guerrier et de l'ange !
       Et comme il vous est mérité
       Le beau nom de la Charité,
O reine des palais, sœur de l'infirmerie,
Héroïne des camps, mère de la patrie,
Et gardienne partout de la sainte fierté !

De toutes les vertus, dans un heureux symbole,
Le Prêtre souverain qui bénit et console,
       A préconisé le trésor
       En vous offrant la *Rose d'or*...
A vos peuples en deuil ainsi veut-il apprendre
Ce que le Ciel vous donne, et ce qu'il peut leur rendre,
Et comment, dans l'exil, les rois règnent encor.

A vous donc, à vous tous, héros de la souffrance,
L'hommage, les soupirs et les vœux de la France
       Et du catholique univers...
       Dieu se chargera des pervers !
A l'humble repentir, Seigneur, tu les convies,
Et tu mets sous leurs yeux deux éternelles vies,
L'éternité sans fin des cieux et des enfers.

Instruit par les démons, le tonnerre de l'homme
A tout brisé, là même où le Prêtre de Rome,
        L'immortel Pie, a médité
        La virginale vérité
Que le ciel, sans le dire, inspiroit à la terre,
Pour mieux l'associer aux gloires du mystère,
Dans les libres ardeurs de la fidélité.

Dogme cher aux élus comme au Fils de Marie,
Il épand ses parfums sur la cité meurtrie :
        C'est de là qu'il prit son élan
        Jusqu'au dôme du Vatican...
Enfants et pèlerins de la triste vallée,
Dans nos larmes prions la Vierge Immaculée,
Elle nous sauvera des fureurs de Satan.

Vers la plage où Gaëte est comme suspendue,
Au cri du Golgotha la pierre s'est fendue :
        Soudain, une part du rocher
        En tombant courut s'attacher
Aux flancs déjà rompus de l'une et l'autre cime,
Et de l'énorme bloc fit un pont sur l'abîme :
Vingt siècles tour à tour sont venus s'y coucher.

La foi des anciens jours, trouvant là son oracle,
Au granit aérien confie un tabernacle
      Où du Christ l'étendard pieux
      Luit comme un phare à tous les yeux.
Contre le roc en vain les vagues obstinées
Ont roulé leur colère en mille et mille années,
Toujours la Croix triomphe et regarde les cieux.

Alex^e. Guillemin.

(Paris, le 15 février 1861.)

TABLE

Tours. — Imp. de J. Bouserez.